中国社会科学院近代史研究所

民国文献丛刊

陈济棠　王铁汉　著

陈济棠自传稿
东北军事史略

中华书局

图书在版编目(CIP)数据

陈济棠自传稿/陈济棠著. 东北军事史略/王铁汉著. —北京：
中华书局,2016.3
(中国社会科学院近代史研究所民国文献丛刊)
ISBN 978-7-101-11544-4

Ⅰ.①陈…②东…　Ⅱ.①陈…②王…　Ⅲ.①陈济棠(1890~
1954)-自传②军事史-东北地区-民国　Ⅳ.①K825.2②E296

中国版本图书馆 CIP 数据核字(2016)第 031853 号

书　　名	陈济棠自传稿　东北军事史略
著　　者	陈济棠　王铁汉
丛 书 名	中国社会科学院近代史研究所民国文献丛刊
责任编辑	张荣国
出版发行	中华书局
	(北京市丰台区太平桥西里 38 号　100073)
	http://www.zhbc.com.cn
	E-mail:zhbc@zhbc.com.cn
印　　刷	北京市白帆印务有限公司
版　　次	2016 年 3 月北京第 1 版
	2016 年 3 月北京第 1 次印刷
规　　格	开本/920×1250 毫米　1/32
	印张 7⅞　插页 2　字数 140 千字
印　　数	1-4000 册
国际书号	ISBN 978-7-101-11544-4
定　　价	32.00 元

出版说明

　　文献史料是认识和研究历史的基础，民国史研究自不例外。为了给民国史研究者和爱好者提供史料利用上的便利，我局与中国社会科学院近代史研究所等学术机构合作，推出"民国文献丛刊"。

　　"民国文献丛刊"首批图书中，经台北传记文学出版社授权，列入了原属"传记文学丛书"和"传记文学丛刊"的一些作品，包括《刘汝明回忆录》、《银河忆往》、《逝者如斯集》、《颜惠庆自传》等十九种。

　　由于作品产生的时代背景和作者个人的政治立场的影响，一些作品中存在着比较明显的时代局限和政治色彩，一些个人视角的描述与评论，难免有不符合事实之处，反映了特定历史时期各派政治势力和社会组织之间错综复杂的关系。我们除了作必要的技术处理外，基本保留了作品原貌。希望各位读者在阅读和研究的过程中，着眼于其文献价值，辨析真伪，而获得本真的历史事实。

中华书局编辑部

二○一四年七月

目 录

陈济棠自传稿

东北军事史略

陈济棠自传稿

陈济棠 著

作者任第八路军总指挥时摄

作者与吴铁城先生合影

作者与王宠惠（中）孙科（右）两先生合影

作者与陈纳德将军合影

作者任两广宣慰使视察时摄

靈前家廟炷心香
夜夜經聲達上蒼
喪我賢良傷肺腑
每逢虞祭淚成行

作者诗稿墨迹

作者任职海南时摄

作者与家人合影

陈济棠自传稿

一、家世述略

余于民元前二十二年（西元一八九〇年）正月二十三日寅时，生于广东防城河洲峒望兴村，据云母分娩时难产，历时二日始出世。父金益公字谦受（为取满招损，谦受益之义），务农为业，终岁勤劳，胝手胼足，尚得温饱。母邓太夫人，为河洲大田村人氏，出自当地望族，十九岁于归余父，主持家务，节俭勤劳，相夫教子，碌碌终生。

兄弟同母者多达六人，尚有济集、济南二弟出自继母林太夫人，在农村社会中，自属人丁兴旺，余为同母中最后一人，而长兄年龄相差甚远。

长兄济华，年七岁时因出痘，毒落其足，竟成残废，父忧其不能自立，惟有养其终生，而母则主其读书，兼习医卜星相，后设塾教学，凡二十余年，余曾受教门下，实乃长兄而兼严师也。

二兄济隆，自幼佐父稼穑，及长，兼善土木工作，故居茅坡新宅之落成，即系二兄劳心劳力，亲为设计之产物。

三兄济岳，代父勤劳，致力耕种，惟其体弱多病，未及壮年便撒手人寰。

四兄济恩，天赋聪颖，于科举时代曾取过功名，邑庠生。端午时节参与当地龙舟竞渡，以不谙水性，舟覆河中，被溺时年四十有一。

五兄济湘（字维周），长余四岁，稍长即离乡改读学堂。

防城僻处边陲，曾祖炳传公原籍广西省博白县，因该处地狭人稠，乃向外发展，四度搬迁，历尽艰辛，始定居广东防城河洲上峒之大田村，胼手胝足，兴家立业，为本族之开基祖也。炳传公有四子（埰祥、埰礼、埰信、埰儒），埰信公则为余祖父，后由大田村分居望兴村，开辟耕地，辛勤稼穑，娶祖母何太夫人。埰信公有五子（金芳、金益、金秀、金湘、金鸿），父居其次，以耕读传家，故余自幼，即习于农村生活，时四叔金湘公在村旁设馆教学，六岁母即送余入学启蒙，每日且携麻篮至馆，伴余就读。幼年余性尚聪慧，每日课业，可比侪辈早熟，提前在一二小时内完毕，乃携余及早返家，举炊及饲喂牲口。

二、童年生活

　　光绪十一年，适法国侵略安南，清廷派冯子材率兵救援，广西提督苏元春亦率兵入越归冯子材指挥，清廷与法议和后，割让安南与法，苏元春回师驻屯于河洲峒望兴村吾家附近，余见其威势甚盛，心窃慕之，径往求见，为卫士阻不得入，乃放声大哭，时苏元春适在室内洗足，闻余哭声询问究竟，乃饬卫兵引见，垂询姓氏、父母、兄弟及读书诸事甚详，余一一作答，了无惧色，大受元春宫保之嘉奖，而以宫保相期许，并赏给银元一枚，卫士亦赠猪肉一碗以示慰问，长辈对此莫不引为惊异。余返家后即将银元交由母亲收藏，余自幼及长，凡属长辈所赏赐莫不如此，从未私自积蓄，亦未私自浪费。

　　幼时好动，常喜与侪辈作兵战之戏，多以竹木棍作为兵器，番薯、芋头、生果乃为军粮，有时以饭焦作犒赏，率领侪辈以嬉戏相搏为乐。八岁失恃，母临终时农历二月卅日，知余骤失慈爱，必极痛楚，嘱余停学一年，以免增加痛苦。在此一年间，幼小心灵所受之创伤，实乃毕生所无法弥补者。常于每日下午三四时后，即至大门前席地而坐，盼望母亲魂返归来，亲戚、乡人见之辄加抚慰，倍感悲恸。及后每遇母忌辰，必素食以志哀思，并以未获报答母恩为生平最大之憾事。十一岁，随父迁居于罗浮峒茅坡村高营社，至十二岁即为大兄济华代馆并写字格出卖，每张出售铜钱三文。十四岁，听讲各种经书。十六岁，应考义课会（此为地方父老奖励读书青年而设者），忝列第三，颇以才名闻于乡井。十七岁，随胞兄维周入防城两等小学攻读，校在县城，距家百余里，寄宿校中，本邑地方偏僻，学校成立之迟不难想见。

三、投笔从戎

民元前五年（西元一九〇七年）入钦县警察讲习所，六个月毕业，同年考入陆军小学校，次年春，由邓仲元（铿）先生介绍，与同班同学邓演达等秘密加入同盟会，从事革命运动。武昌起义后，邓仲元先生入淡水，余与邓演达等即赴香港，正拟赴淡水随邓仲元先生进行革命，时张鸣岐任两广总督，本党同志函电交趋，迫其离粤以保全性命，总理在美国，亦电劝其离粤由胡汉民先生接任都督，民元前一年（西元一九一一年），乃兵不血刃而光复广东。武昌起义后四十余日内，闻风响应者达十余省，旋在广东成立陆军速成学校，并收容吾等为革命而逃亡之青年入校受训，俾资深造。

民国二年，讨袁失败后，余已毕业于陆军速成学校，继存革命意志，暂时依附琼崖督办陈荣廷任中尉差遣员，拟借陈氏为掩护，候机革命，当时待遇颇优，但后因见督办公署职员吸食鸦片者颇不乏人，共有烟枪十余枝，认为腐败不足以言革命，乃辞职，复入苏汝森团任机枪连排长职务，常以剿匪为名而报销子弹，储备以为革命之用。后苏汝森为龙济光所杀害，余知无法立足，于调返广州驻扎四标营时，乃将前储备之子弹推落井中而辞职他去。时值黄植生任琼崖督办，乃复返琼，拟借黄氏以为掩护，潜伏从事革命工作，黄氏知余为革命青年，乃不敢信用，不得已离琼返广州，并改姓何，潜伏于宝璧军舰大副丁守臣家中，盖其妻亦姓何，彼此认亲，借以掩护。余怂恿其任中区司令，自任副司令，并接受香港邹海滨（鲁）先生指导，而以黄质文担任联络。

民国四年，余介绍罗侃庭与邹海滨先生认识，共谋倒龙济光，邹氏派罗侃庭往汕头运动军队，因事机不密，被龙济光部潮梅镇守使马存发所杀害。民国五年春夏间，余在广州得知派往运动龙济光军队而被杀之同志为数甚众，黄质文亦因从事联络工作不幸事泄被扣，因而决定由丁守臣率领海军宝璧舰及江大舰起义，余率陆军，约定时刻，以鸣炮为号，共同起事，惟因海潮退落关系，宝璧舰须由江大舰拖出始能行驶，然江大舰无法拖动宝璧舰，乃自行驶走，因所约时间已过，兵舰不发炮即逃至香港，致牵累陆军无法起事。时魏邦平在港，适此两舰因革命到港，乃乘宝璧舰率江大舰返穗，与龙济光谈判，请释放革命同志，因此黄质文亦于此时获得释放。

此次起事失败后，讨袁之举仍风起云涌，未曾稍戢，但各地革命组织多被龙济光所破获，同情革命而被杀者甚众，余迫不得已，乃赴香港，嗣转肇庆，任护国军第六军林虎部第十六团少校团附，原来之护国第二军即滇军李烈钧，亦出广西会同陈荣廷部进攻广东之龙济光部，部队进攻将至石井兵工厂时，龙乃讲和，军事结束。林虎乃电荐其参谋长成晃任钦廉道尹，林氏自任高雷镇守使，余随返任道尹公署视察委员。阅数月，成晃复任北伐军司令，出南雄、始兴，余随任少校副官，因见副官处处长万某虐待夫役而呈辞，并将其虐待夫役情形报告成晃，卒将万某撤职，此后即在广州闲住约半载，闭门读书。后林虎部之第二团营长陈德平邀余任连长，陈氏曾在第十六团任中校团附，与之有同事之谊，彼认为该连乃极不易统率。盖其内部曾有卅六人为土匪出身，野性难驯，指挥不易。余初到职之日，即召集各班长训话，集合之后，其中有一人请求离席，乃知其心有不服，借故他去，但亦故作包容，以和悦颜色向该班长曰："汝未吃饭则可先去吃饭。"仍继续训话，余先用怀柔方式以教士兵读书写字，施以教化及恩惠。后有伙夫偷米出卖，经查觉后，乃严予惩处。其初，士兵们认为可欺，不善领导，自此之后，士兵心理改变，始一切听命。

五个月后，奉调阳江仔洞剿匪，时阳江匪势甚炽，余剿抚兼施，卒以六个月时间，平定阳江西水一带匪患，旋接受阳江县长委托，协助地方兴办学校、启导民智、整顿警察、训练民团绥靖地方、开辟交通以利民行、改良仔洞市政，一时政风丕变，人民称道不已。翌年升为营长，调阳春剿匪，适值民国八年在闽粤军回粤，余调所部出阳江，会合陈真如（铭枢）营及李昆岩营，独立而自为统领，陈真如任司令，李昆岩仍任营长，出西江会同魏邦平部，在莲塘径堵剿莫荣新残部，迭有斩获，时邓仲元（铿）先生任粤军参谋长兼第一师长，乃调余任第一师第四团第一营营长，驻四标营训练。邓先生原为陆军小学时之教官，除师生之谊外尚对余练兵认为有办法者，每周召见一次，垂询练兵方法，在精神上不啻成为邓先生之助手。当时练兵要点，着重于"思想"及"战术"之训练，使部队学校化。亲自指导班、排、连长，使之认识三民主义增强革命信念；一方面另拨小部分公费，使之从事生产，如编织草鞋、种菜、养猪等，并鼓励节约储蓄。定每晚九时前，必以半小时会商翌日训练之重点。其他二、三两营营长，亦为旧日同僚，且系同学，故每晚亦必会谈二十分钟，研议训练事宜，由此第一师第四团之训练基础因而奠定。民国九年，粤军讨广西时，沈鸿英反攻，曾攻入连山县一带，粤军第二军之一部，在北江方面败衄，邓先生调第四团加入作战，余以区区一营之众，在阳山城北之高地，击败沈鸿英一旅之师，邓先生至为嘉许，后复用全团乘机追击，战果辉煌，邓先生认为此乃余训练之成功，犒赏第四团伍仟银元，是为统兵以来又一次殊荣。

四、陈炯明叛变

民国十一年三月廿一日，邓仲元先生在广州为陈炯明所谋害，总理撤陈炯明职后，即由桂林组织北伐部队，明令粤军第一师及第二军任前锋，出江西赣州，势如破竹，锐不可当，第四团攻赣州正面之王八岭，时值夏季，雨水连绵，攻赣州历时十一日始破城而入。王八岭之役中，第四团第二营营长李时钦阵亡，此时陈逆炯明正急与北方吴佩孚等联合谋叛，六月十六日竟炮击观音山大元帅府，总理避赴永丰舰。胡汉民先生乃至赣州，请北伐军回师击陈炯明，第一师由三南入连平、和平，经老龙回粤。到老龙后，陈炯明即派人前往运动，当时致送第一师每团团长五千元，而第四团则由陈炯明特派秘书黄居素携亲笔函致团长陈真如，并面洽。黄居素云："奉陈炯明命来慰劳第一师各部队，每团致送慰劳金五千元。"陈真如则问余："此款可否接受？"余答谓："如接受，须听命陈炯明，否则须听总理之命令。"彼答谓："此乃理所当然。"余谓："不然，盖吾人从事革命，有吾人革命之见解与立场，绝不能见利而改变吾人之革命意志，而去接受陈炯明之命令，且陈是总理撤职之人，更绝不能接受其命令。"惟微察真如之意，是欲接受陈炯明之命令，并欲升任旅长，故最后余则谓："接受命令攻击第二军乃是反复之人，非革命军队干部之行为也，此钱不可接受。"真如反问："接受钱后又将如何？"余谓："接受钱，仅表示团长个人接受，而非全体官兵接受，可先将部队向第二军靠拢，将来如何再作打算。"之后，当部队开至翁源时，第二军第一师第三团（陈修爵部）取道广州转北江、马坝，加入攻击后，已被陈炯明击败。第二军不得已，乃调往福建，陈真如对于此次事件，事后认为自己革命立场不够坚定，引咎自动辞职，乃由余接任团长。余接任后，即将部队移防肇庆，为表示革命气节，在任内期间，未与陈炯明晤面。

忆余驻防肇庆时，熊略与陈章甫赴梧州布防，顺道至肇庆访余，此二人皆余之老师，当时熊氏任前敌总指挥，陈氏任第三师师长，余于款待席中曾问彼等革命前途是否有望，彼等则反问余之意见。余谓："如不责怪，方敢直言。"彼等答谓："必不见怪。"余谓："就军队干部言，革命前途可谓毫无希望，如八旗会馆内，有不少高级军官，穿着制服流连于嫖赌，实感不成事体。军队中风气如此，尚有何革命之可言？"熊氏谓："汝有所不知，此乃普通之社交应酬而已。"余谓："就革命立场言，何贵乎有此社交？"熊氏谓："世间能有几人如汝者？"后又问同席之第一师工兵营长邓演达，对余之见解如何？邓氏表示深以为然，彼等认为此乃不经世之谈，因此余从来认为要革命必须创造环境始能成功，如不创造革命环境，树立革命新风气，则难有希望。此后不久，因纸币贬值，军费无法维持，陈炯明乃通令各军自筹伙食，一星期后余接获命令，乃召集营长开会云："此谓自筹伙食，即暗示要吾人开赌而已。余全体官兵，宁可食粥而不愿开赌，并建议全团官长，校官以上不要一个月薪水，尉官不要半个月薪水。"卒照案通过，并决定不开赌以维军誉。工兵营邓演达见余如此，亦照余之办法，不要一个月薪水，并食粥一星期以渡难关。

民国十一年底，适值滇桂军奉总理命入粤讨伐陈炯明，当时总理派余同学李仙根携港币三千元给余，嘱余至时响应滇桂军，余拒不接受，李氏谓："不接受此款，是否听总理之命？"余谓："余必相机行事，请汝善为回复总理，且接款项容易泄漏机密，不必以余为虑。"其后，当滇军桂军行将东下之际，陈真如忽自南京至广州。余托中校团附戴戟携款三百元转交真如，嘱其速离穗，前往南京暂行隐居，并表示余已决心独立，响应滇桂军，本团由余负责一切，请其不必过问，候时机至时，当请其复出。其后，因卓仁机之第一旅，始终离革命军队之目的太远，卒将该旅解散，重新整编改组，请陈真如出任旅长，以实践余过去之诺言。余半生来，无论对友人及对社会重视信约者，举此一端即可知其梗概矣。

当滇桂军逼近广西大浮江口时，余团即奉命调至梧州增防，临行时曾向邓演达秘密表示，邓氏甚表赞同。时张发奎在第二团卓仁机处任营长，驻防德庆，余征得邓氏之同意后，乃于经过德庆时，将余之决心告张氏，张氏亦表赞同，并谓惟余之命是听。待至梧州时，前敌总指挥熊略及师长陈章甫召集军事会议，欲在梧州实行布防，余为实行原定之计划，表示反对守梧州，主张撤退至肇庆，再与滇桂军作战，在会议席上，陈章甫对余之意见甚表赞成，因此计划乃得顺利进行。待撤退至广东封川江口时，陈炯明即电责陈、熊二人因何不守梧州，陈氏接电后极表忧急，曾语余将要跳水自杀，余劝其力持镇定，不必过分忧急，盖如此死法实属不智。越数日，时值民国十一年除夕，余以时机已至，乃于封川江口之豆腐坑口宣布独立，并将部队调至梧州火山，响应滇桂军东下。时张发奎在德庆，闻余独立，即率第二团之一营宣布响应，卓仁机全团暨其余两营亦采取同一行动，邓演达在肇庆闻讯，乃将部队调至德庆，与张发奎联合行动，因此陈炯明叛逆最后崩溃之命运即由此决定，革命之正义亦略见申张矣。民国十二年一月十日滇桂军顺利东下，直达三水，当即调余团攻击三水河口，此地原有陈炯明之部队陆兰培一团防守，余派人嘱其投降，否则开炮击毁其所住房舍，陆氏遂遵命投降，其余与滇桂军接触之陈部亦稍战即退，此后，与陈炯明部队即无任何战斗，旋与滇桂军直抵广州。

五、伐沈之役

滇桂军至广州后，强横跋扈不可一世，余认为革命事业至此，如非另找出路，即无从挽救广东与国家。因此，即主张将

第一师之部队调至江门（此际第一师部队只有两团一营）。时陈炯明残部之陈德春部，亦驻防四邑，响应独立，在江门包烟包赌无恶不作，余见当地环境如此恶劣，又将部队移至新会大泽，以免与陈部混杂。但求为地方清除军阀残余，乃决定驱除陈德春，旋以一团之众，于江门将陈部解决。自此以后，第一师始有基地，部队给养始有所出，因而得以从事整训。三个月后，并恢复第一师番号，由李济琛任师长，卓仁机任第一旅长，余任第二旅长。

忆当时恢复第一师番号时，总理原要余出任师长。但余则另举陈可钰、李济琛两人，请总理任选其一。盖余认为，余曾为陈炯明部下，陈既叛变，余虽坚定余之革命立场，未与同流合污，假若以此升官，诚恐不易为后世谅解，故特举此二人请总理选任之，但陈可钰以胃病力辞，卒以李济琛出任。其后，总理谓余："对此事如此主张，将必有后悔之一日，既要革命，又不肯多负责任，殊属不智。"此后证诸事实，总理确不失为先知先觉者也。盖后来李济琛引用伍观淇、张难先等于师部任参议，用吕一谔为鹤山县长，总理认为此辈均非革命者，何足以言革命？余乃将此情形告知李济琛，并往劝伍等入党，伍谓："如总理不反对孔孟学说，则可入党，否则绝对不入。"余将伍之意见报告总理，总理谓："三民主义，乃继承孔孟一贯道统者，如何会反对孔孟？"后余将总理之意转告伍等，乃同意入党。至鹤山县长吕一谔，总理认为是买办阶级，不能委以县长之职,旋李济琛亦将其更换。

时沈鸿英勾通北洋军阀吴佩孚,总理乃命令讨伐,滇桂军负责解决驻穗沈部,第一师则奉命围攻肇庆,攻击历时一周,仍不能下,蒋介石先生任大本营高级参谋,奉总理命,通知第一师谓:"吴佩孚之方本仁部已进至南雄附近,如肇庆再不能攻下,则大局危矣。"余向蒋先生表示,要求拨调工兵地雷队以便攻城,待地雷队到达后,余即彻夜挖城,以步兵掩护,一夜之间,即将城墙攻破,俘虏沈部旅长黄振邦。入城后一个月,方本仁部即攻至英德附近。余即奉命调往英德,协助滇军截击,旬日间,与滇军合战,将方部击败。是役,在东瓜岭附近,余指挥第四团及独立第一旅杨锦堂团,战线正激烈时,杨团士兵退却,余在东瓜岭之正面一牛路之小窝督战,促杨团士兵前进,杨团长在半山离余十余丈地,见状即匐伏而至曰:"旅长,该士兵等俱是余团士兵,请旅长转赴半山余之位置,余在旅长之位置以便阻止士兵退却。"余依杨团长锦堂之意,与其互调位置,旋不及十分钟,杨团长即在余之原位置阵亡,是役无异杨锦堂代余一死,殊可悼惜。嗣后,我军反攻,正拟进行追击之际,余手执地图,口授旅部参谋长陈培銮下达追击命令,不幸陈氏亦中弹阵亡,更为悲悼!后由徐景唐介绍余汉谋接任参谋长,部队调回肇庆驻防。

自余返肇庆后,总理为打开革命局面,复派余与卓仁机部攻沈鸿英驻防梧州之部队,并谓:"谁先攻下,即将梧州交谁。"结果余部只在封川江口与沈部接触战斗一次后，即势如破竹而先达梧州。

入梧州后，余即返穗晋见总理，报告攻取梧州经过，并表示余决不要梧州为防地，请不必下命令，并向总理建议云："革命者不可有地盘思想，否则有碍革命之进展，以后请勿轻允谁先攻下某地即给某地与谁驻防。"但余因在豆腐坑口独立时，全团官兵行李均告损失殆尽，乃请求总理发给五千元，以为补偿。总理云："汝不要梧州为防地而要钱，余可照批，但款将由何人支出？"考虑再三，当时粤省一切税收均为滇桂军所把持，大元帅府财政困难确为事实，时廖仲恺在外厅候见总理，闻此，乃入请总理照批，款可由渠筹交，并对总理云："渠在江门、肇庆、梧州等地，不特不要钱，管理财政人员亦不轻易推荐，实应照批，但约定必须分三数个月，始能交清。"余亦唯唯应之。

当时，余虽在西江，但大元帅府之警卫责任，实由余负责，先后曾派兵增至一团保卫大元帅府，以防滇桂军作恶。盖第一师之战斗力量颇强，滇桂军虽强横，亦不能不有所顾虑也。据余守卫之部队长报告，有一次总理在元帅府召集滇桂军高级将领会议，总理曾云："我请诸位来到广东是为着革命，是为着救国救民，并不是请你们来蹂躏我家乡。"足见当时滇桂军之腐败及总理革命历程之艰苦也。

六、西江督办公署

自梧州收复后，由于余不要以之为防地，乃成立西江督办公署，由李济琛任督办，邀余兼任参谋长，时古应芬（湘勤）先生任大本营驻肇庆行营主任，冯祝万任财政专员，为期财政方面能得有力之支助，原拟请余以伯南别字，兼任黄岗税厂总办，或交余兄（维周）办理，余深以为不可，卒却之。

自兼任西江督办公署参谋长后，即决定扶植广西军事力量，以安定革命局势。时黄绍竑曾率民兵七百余人前来投奔，乃将在西江历次战役中所获七百余杆枪枝与之，编成一独立旅，由黄氏任旅长，是为扶植广西军力之起点。自此，西江一切收入，一方面用以建设梧州，发展教育；一方面则用以扩充广西军事力量，逐步将黄旅扩充至五团之众。

五个月后，即拨所有库存九万余元与黄旅为军费，攻下浔州，在革命军未设政治部之先，曾于梧州组织革命军人同乐会，由余与林翼中、李扬敬担任三民主义讲授，以加强官兵对于主义之认识，越三个月后，所有班长均能登台演讲，收效至大。

忆本党改组时，总理一方面感滇桂军之腐败，一方面容许共产党员之入党，曾秘密嘱余将第一师编足五万人，枪枝由总理徐图设法补充，意即以第一师为革命主干。然第一旅卓仁机部素质甚差，所到之处，唯利是图，到处包烟庇赌，既不肯打仗，又无牺牲精神，当吾人攻下梧州时，卓即以其旅部名义，将梧州所有财政机关标贴占据，并云："余所占之财政机关，汝若需要时，均可让汝。"余谓："总理将整个梧州与余为防地尚且不要，何需占据财政机关？"因此，卓即分别荐人接办，余以督办公署参谋长地位，均未予批准，卓极不满，乃自请调返四邑驻防，以便为所欲为，不得已乃将之缴械解散，由余旅抽调干部，另行编组，成立两团，邀陈真如任旅长，第一师至此已有七八团之众，兵力至为雄厚。

时总理在上海说服共产党，认为中国国情不适宜行共产主义，只能行三民主义，因而本党改组，收纳共产党员为国民党员，余亦首先主张赞同，廖仲恺因见余亦主张收编共产党员，拟于本党改组后，即辞去省长职，而专任党的组织部长，余亦表赞同。时汪精卫、胡汉民两人均尚在上海，余问总理："彼等何故不返来广州？"总理答："彼等不主张收编共产党员，因而罢工，故不返穗，可由其自便，暂时不必理会。"余则谓："本党既收容共产党员，对于本党旧日力量反形分化，实有害而无益。"总理对余之见解深以为然，乃亲笔书函，交邓泽如寄发，邀汪、胡返穗，汪、胡南返后，廖氏即辞省长职，专任组织部长。总理自本党改组后，为欲使段祺瑞合作，乃应邀取道日本而北上，民国十四年一月廿六日不幸因病危而入协和医院。

总理入医院后，余乃决心将广西局面展开，以分总理之忧，故决由梧州返广州，同行有黄绍竑，以便介绍其入党，另则向粤军总司令许汝为（崇智）以请假二周为名，再向广西方面展开攻击。时廖仲恺对余介绍黄氏入党颇持异议，曾云："民国以来，革命至今，广西同志不变节者，除马君武一人外，大多夤缘时会，投机变节，均不可靠。"余则以为，值此动乱之际，应酌扶广西人员治理广西，后卒由廖氏监誓介绍黄氏入党。至于请假两周以攻击贺县之举，许汝为当时颇不为然，余乃请胡汉民、廖仲恺两先生帮同向许氏劝说，以余之请假全为革命着想，亦非个人之行动，应请予以照准，卒获许氏同意。于是，余即由梧州率兵三团出发。至第八日攻至贺县、八步，交黄绍竑接防。当时黄绍竑所部亦由浔州、大河前进攻击，依期返梧州候命，时广西局势已定，李宗仁率民军数营人出而与黄绍竑、白健生等合作，彼等联共拥李氏为领袖，广西乃进入一新局面。

　　余此次广州之行，有两惊险事件颇足一述：一为西江遇险。余由梧州起程水路进发，将至德庆附近，入夜狂风天黑，航路难辨。火轮所拖之紫洞艇被礁石撞穿，突起变故。全船纷乱之际，余尚力持镇定。高呼同船之黄镇球、黄绍竑、陈杰夫诸人，先行攀登船边，余仍在舱内，遂致随船沉入水中，自念身经百战皆能幸免，此次除非祖德有灵，否则必死无疑矣！浮沉之间随喊救命！时第一师副官处长黄镇球遍找余不见，乃以竹竿向水间打捞，触及余手，因而得救。

　　另一为陈天太事件。迨至广州后，到粤军总部洽商请假打仗事毕，于深夜十二时与黄绍竑同返东亚酒店二〇五号寓所休息。至午夜后一时，突闻外面枪声大作。余乃问故，黄绍竑答不知。后始悉为黄之卫队六人，在外与欲突击东亚之少数军队开火，斯时余之卫队，全在南园酒店未参与戒备，余不待穿衣，随即携手枪出窗口，一望见后房有一铁闸，向后即为一走廊，余乃偕黄氏越铁闸而过，沿走廊直走约一百公尺，即见有一房间尚露出灯光，即与黄氏入房间暂避，其内只有一女人，见余等突如其来，乃大惊。余谓："余乃东亚酒店客人，因闻外面枪声而逃避者。"嘱其不必惊慌，询之始知此乃东亚工人之住所。不久，见其丈夫高义安返，乃告知其所以，黄氏出二十元港币，向高氏买一件衣服一对布鞋与余暂时穿着，始由高氏带余等由后门逃出。街外遇见警察一班，询之乃属第七区署者，余乃表明身份，由其带往区署后，即嘱七区署长下令全区戒严。并与公安局长吴铁城电话联络，吴氏即派卫队及车辆，接余等至粤军总部休息。翌晨，廖仲恺先生与余等见面，即哭谓："以为汝遭遇不幸矣！今幸而无恙，不禁喜极而哭也。"当余初至广州时，原拟住南园酒店，后据黄绍竑之驻粤办事处主任陈雄云："住东亚酒店较为适宜。"乃决定改住东亚酒店，如住南园，恐难免遭其毒手矣。

　　事后查悉，此事乃属陈天太所为。陈乃桂军第七军刘玉山之独立旅旅长，该旅全为收编粤北及怀集一带土匪所组成，军纪极坏，害民不浅，彼等奉命由粤北拟经广州、三水、梧州回广西，余曾建议，拟将之缴械，总理意思是："既准其收编成立在先，复令其回桂，碍难再下命令将之缴械。但如认为可行时即行之，我作此默认可也。"因此，余乃返梧州，后会同黄绍竑，在梧州、火山及都城一带施以夹击，将之缴械，陈乃怀恨在心，遂有此变，故亦足见当时粤局情势之复杂不易应付。至于带引余等逃出之高义安，余曾给以中尉职位，使领干薪，迨余任军长时，已升至上尉，亦所以表示报答高君之意也。

七、整肃滇桂军

刘震寰、杨希闵时代，军纪之坏已至天怒人怨，实不足再以为革命助力。民国十三年，总理希望扩军，并成立黄埔军校。时由蒋先生任校长，李济琛任副校长，共同负责军事干部之培育。所有干部多由本师抽调，如陈诚、钱大钧、邓演达、张君嵩等都是本师同志。当时优良干部，确属不少，如团长缪培堃、营长陈武恒、李时钦、陈培鎏等，确属干才，但不幸均先后阵亡，为国捐躯，对于革命事业大失臂助。

在总理北上之前已决心整理滇桂军。某日，廖仲恺先生与余同往晋谒孙总理，总理谓："在三天之内，将有一大事。"嘱吾等镇定应付。余问："何事？"总理谓："决定撤换杨希闽，借以整饬滇军。"并谓："此事只汝二人及胡展堂（汉民）知之，切不可外泄。"余则谓："此事似应慎重考虑，盖陈炯明事尚未平定，似不应再撤杨，以免动摇革命基本，且总理指示第一师宜扩充编足五万人，现今尚未达到此目标。"总理谓："汝等意见与胡展堂昨日所言者均相同，此刻无须多费时间讨论，且展堂随余革命，统计有六成以上之成功。余约其今早九时再来讨论，假使渠理胜，余将赞同其意见。"余等乃告辞，欲找胡展堂先生。廖氏谓："可在太平馆候其车过截之晤谈，一方面可用早餐。"后胡先生至，余等乃共谈撤杨之利害，权衡得失，均不主张率尔轻举。后复由胡先生向总理面陈，卒取销撤杨之议。但总理仍谓："撤杨即使失败，而只属汝等军事之失败，而余主义终必成功也。"

总理逝世后，廖仲恺先生以杨、刘叛迹日显，甚感焦虑，询余力足讨伐杨、刘否？余答："第一师及黄埔教导团力量，力足应付，请及早行之。"回忆总理在时，曾拟整理滇军，以余等力谏而止，今滇军竟横行日甚，形同匪类，而须加以讨伐，总理先见之明，弥足景仰。时廖仲恺先生任黄埔军校党代表，余请其与蒋先生商洽，并建议由本师第一旅及其余粤军，联络黄埔各教导团攻东江杨部，本旅则负责解决驻西江之刘部桂军。后得蒋先生与许汝为先生之同意，乃即以一旅之众向桂军攻击，在石井附近将之解决。滇军亦被友军击溃，会师广州。

民国十四年八月二十日上午，廖仲恺先生于赴中国国民党中央执行委员会出席例会时，为暴徒陈顺狙击身殒，考其原因，概有下列数端：（1）廖先生赞成总理容共，并任党部组织部长，党人对于共党分子之不轨行为均归咎于廖先生。（2）间有本党同志，疑廖先生为共党分子者。（3）有时廖先生对军队拘捕共党嫌疑分子辄电以"无论为良为歹应先行释放"，因此更招人疑忌。事前，余曾建议廖先生邀请本党高级人员餐叙，借以解释误会，廖不同意，并谓："诚恐因此连你亦被误会，而我亦被人误会更深。"廖先生死后，包罗廷即借此挑拨，株连甚大，胡展堂先生自请出国，赴俄考察，许汝为亦被送出国。

八月二十五日，梁鸿楷、魏邦平等阴谋颠覆国民政府，为军校教导营所扣，粤军旋即改编，本师扩编为国民革命军第四军，李济琛任军长，陈可钰副之，并兼任本军党代表，陈铭枢任第十师师长，余任第十一师师长，张发奎任独立旅长。

时适值第一师军需处长陈劲节，因其家人所开之银号，将获得陈炯明汇款接济，驻北江之川军熊克武部（数千人）证据以告。余及李济琛乃同往谒汪、蒋报告，谈约一小时余，余力陈事机急迫，应以迅雷不及掩耳之势，分北江、南路同时进击。汪询余力量如何？余答："陈炯明残部已成强弩之末，熊克武、邓本殷部均为乌合之众，相信我军力量足以应付有余。"并建议本师及独立旅，协同第一军向东江进击。第二、第六两军，向北江进击。第十师向南路进击，而广西之第七军，则以一部出北江，先助二、六军，并以一部出西江，协助第十师攻南路。汪曾驳余,用广西军岂非又有杨、刘再续之虞,余谓:"黄等已加入本党,相信不至遽怀二志,且其力量非大,即使有变,亦足以制之,请毋虑。"后卒照行。

本(十一)师于东江新庵一战颇为激烈(第一师亦占领惠州),当本师追击败敌至紫金时,余奉蒋总指挥(东征军总指挥)之令,开返四邑单水口,增援真如师。而此时第一师之一部,适于罗经坝与敌战失利,余即决心先援第一师,日行百二十里,卒与第一师取得联系,战局转危为安。当初抵战场时,曾因误会击伤本部参谋一人,士兵数名。然战役结束,蒋总指挥于劳军宴会席上,曾备极赞扬余本人果断专行,先急后缓为至当,并犒赏三万元。

十月二十九日,单水口之危已解,南路方面战局稍有转机。余乃追敌至饶平,然后回师。南开期间,真如已收复南路,当时邓本殷率残部负隅琼州,余即与张发奎准备进攻。当行动时,由于船只缺乏,指挥困难。征用木船,于一夜之间埔前港登陆顺利成功,邓部望风披靡,相率投降,十二月二十日遂克复琼州。

八、赴苏考察

时蒋先生已决定北伐,因陈真如与唐生智有同学关系,乃调该第十师,及由独立旅扩编之第十二师(陈可钰兼师长)

出发。整个南路治安交由本师负责，乃一面在钦县收编八属邓本殷部之张瑞贵为补充团，一面进剿各属土匪，时以徐闻山匪最为猖獗，人数亦众，曾派两团围剿亦无功效，后以装甲车进攻，匪始溃散，但迄未能肃清，其余合浦、茂名、阳江各属土匪，则先后敉平，为患两阳最烈之匪首徐东海，亦于是役被我唐拔营击毙，民众称快。

民国十六年春，余以北伐之师既下武汉，南路剿匪工作亦将完成，而南路共党分子却常见越轨言行，乃托陈真如据实呈报蒋先生，拟请举行"清党"，惜未蒙采纳，为趁此履行以前余对邓演达等之诺言，因而呈请辞职以前往苏俄考察。终获界以国府代表名义，带职率领政治部主任林翼中，暨空军及其他技术人员二十余人，前往苏俄交涉购买军火及训练飞行等事宜。

余赴苏俄时，上海尚是孙传芳部占据。苏俄顾问不主张余到上海候船，直接在广州以港币三万元，雇一约千吨之轮船，由白鹅潭开赴海参崴。余任旅长时，曾患胃病。唯上船后晕浪即戒烟，且空腹数日始到海参崴，下船后，不药而愈矣。或因得到充分休息所致。亦一收获也。

抵苏后，我北伐军已克复上海（民国十六年三月二十三日）并渡过长江，此时，上海工人受共党利用，曾发生罢工风潮，国内乃实行清党，于是，苏俄当局态度顿变，拒绝售卖军火，街上发现倒蒋标语。余等通讯已遭限制，函电发出均不得复。惟招待尚佳耳。

余等既来，当作一了解。安排行程，先考察苏俄经济。时适实行新经济政策，全神注意增加国家资本，银行、交通、煤、铁及一切重工业，全由国家经营，对于国民极力提倡合作经济。余以此种统治经济，亦即计划经济，与我民生主义经济宗旨若合符节，当可仿行。但其计划经济之本质是恨，且是极权。而我们民生主义之计划经济本质乃是以仁爱民生为出发点。后曾对胡展堂先生言，亦获赞同。

余出国前，对总理"迎头赶上去"一语不甚明白，及见苏俄大量利用德国及美国技术人员及机器，以发展本国工业，并以三百万美元购买美国飞机发展交通，乃恍然大悟。苏俄合作制度亦颇进步，生产、消费、信用及运销等合作事业均极发达。工人每日工作八小时，待遇尚优。农民则生活较苦，衣食不足，时出怨言。政府乃研究减低农村物价（低于都市），生活得稍为改善。

其次考察一般状况，发觉其对西伯利亚移民甚为积极，每日均有数百移民，每人发给七百卢布，拨车东运，所有娼妓及无家可归妇女，均配给移民。及参观博物馆，发觉苏俄对于彼得大帝遗物非常重视，各地对彼亦备极颂扬，八国联军时所掠我国古物，仍陈列于馆内。

余对苏俄侵略我国之野心早有警惕，极欲呼吁国人注意。时莫斯科尚存"中国城"，余问："为何不拆除？"答以：

"此乃为纪念中国之友谊。"余则认为：此乃因彼政府对我国尚存觊觎之心，欲借此以煽动俄国人民敌视之情绪。且当时尚有俄军两旅驻扎蒙古，更足显示其侵略之野心。据调查所得，外蒙古驻兵两旅，且远东大学收无数之东北学生及湖南学生、韩国学生、印度学生等，训练无数之国际共产党人。当时，余与翼中每于晚间研究，即证明苏俄仍承继彼得大帝侵略之本质，必将是成为赤色帝国主义者。

余到海参崴，该处住有七八万中国人，夜间尚有中国旧戏唱演，余等亦往看戏。日间则考察工厂，发现工厂有工资三种，俄人每日工资六毫卢布，日本人五毫半卢布，中国人五毫卢布。如是则知苏俄以平等待我民族者是伪也。

学校教育：中小学采九年制，名为九年学校，目的在缩短教育时间，对于扫除文盲，责成学校担任一切，人员均尽义务。十数年间，即已完成此一普及教育及扫除文盲办法，实值得仿效。孙逸仙大学，男女生社交公开，行为秽亵，简直不堪入目。曾拟夜间参观，但遭拒绝，盖此时乃学生满足性欲机会，往往在寝室或在自习室行之，不便给吾人参观也。至于公园郊野，则男女性行为更属司空见惯，余亦曾于戏院中被女人调笑，同行者常引为笑谈。

时邓演达曾介绍自称国民党左派之留俄湘人名欧治者，与余结交。所有言谈，无非共党理论及策略，据谓共党成功要素约有下列数点：

"（1）旧社会要整个推翻。

（2）旧伦理亦须推翻。

（3）改革文化。

（4）只求成功，信义可以不顾。

（5）立功要杀人。"

胡先生批评："呃、吓、拆、杀"乃共党之伎俩，此种行动，实非三民主义所能容，今日思之，益觉可信而有征。

如是者，历四个月后，乃决定离俄前往西欧，考察西方国家，借资借鉴，俄方非但不允余等前往西欧，且强制要求余等入党。余乃与林翼中约定，俄方既不同意余等往西欧，拟提出返国或往日本，如仍不获同意，则由林氏加入共产党作质。后俄方卒同意余等返国。

余于民国十六年夏，返抵南京，将清党后俄国所表示态度及考察情形等，向蒋先生面为报告，蒋先生嘱余在总理纪念周公开报告。当时，余本欲将考察所得及认定俄为赤色帝国主义情形印成小册子，公开宣传，后见余在纪念周所报告者，报章亦不予发表，遂乃作罢。余返国后曾与胡先生谈话。当时余以为国民党改组，苏联既声言以平等待我们，而吾人却不派一代表团赴莫斯科视察，殊为错误，胡先生亦承认此批评之中肯也。

九、斡旋宁汉

民国十六年，汪精卫因不主张"清党"，乃形成宁汉分裂。余即向蒋先生建议，主张讨伐武汉，对其他军阀，不妨暂时妥协。如是，蒋先生拟要余赴徐州向李宗仁、白崇禧解释，使之明了。余要求给予考虑，待与胡展堂先生商量后，胡先生不主张余往徐州。因胡先生认为关键不在李、白，而在李济琛，故主张余返粤见李济琛，李、白用函解释即可。

余在俄时，曾闻共党有攻取广东之计划，特请蒋先生在浦口预备船只，以便支援广东。因此，蒋先生一方面同意余返广州，一方面嘱余去函，将在俄国所得，报告李宗仁、白崇禧。余返抵广州后，李济琛与各团长，均促余返十一师，但余则要求李济琛、黄绍竑先行通电讨伐武汉后，始允返任，否则即去日本考察，盖余在俄时既不能往西欧，极欲乘此到外国多作考察，以资借鉴。后李、黄函电往返磋商，历时经旬，始决定通电讨伐武汉，余乃返任十一师长。

汪精卫见李、黄通电讨伐后，乃实行"清党"，张发奎（向华）率其第二方面军，取道江西回粤。但至南昌时，其所部叶挺、贺龙两师，即行叛变，并与第三军之朱德部合流，南下粤东，蔡廷锴之第十师奉令追击，却乘机脱离张发奎部而入闽。旋于九月二十八日由黄旭初即率部前往截击。钱慕尹（大钧）

亦率领两师，进驻会昌，但均为叶挺、贺龙所击败。钱部在会昌挫败，退至信丰。黄师在雩都不利，转守筠门岭，李济琛乃派"十一"、"十三"及新编第一师（薛岳任师长）往援。余兼程前进，拟予拦腰截击，乃由畲坑入丰顺。薛岳为前敌总指挥，率其所部及第十三师前往，十月抵汤坑，与叶、贺主力遭遇，发生战斗，经苦战一夜后，适余亦到溜隍，乃赶速加入作战，战局遂转败为胜。

余师部队因素有政治训练，士气极高，全师官兵，均高叫"打倒共产党"，"国民党万岁"，"中华民国万岁"等口号攻击前进。战斗至下午三时，彼此短兵相接，火炮亦不敢发射，战况至为激烈，再苦战一夜后，叶、贺残部，即向海丰、陆丰退却，翌日，追击至普宁之乌石，始将叶、贺残部三千余人缴械。

余自从戎以来，历经大小战役不少，而以此役为最惨烈，因战事紧急，伤创官兵亦无法救护，除十三师及新编第一师伤亡惨重外，余师追击至乌石时，原有五千余人，亦仅余一千七百余人，伤亡之惨重，于此可见。后余任第八路总指挥时，乃将在汤坑所有阵亡将士，就原地择地集体迁葬，建立阵亡将士纪念墓，以安忠魂。

十、绥靖粤西

民国十六年张发奎（向华）所部抵广州后，因其中有不少为共党分子（叶剑英团），意图不轨，十一月，突发动事变。忆张氏当时返穗之用心，其志在倒李济琛，攫取广东为地盘，以为返穗之准备。余乃联合陈真如、黄季宽、钱大钧回师救广州，并将"剿"叶、贺时东路指挥官之名义，让与陈真如，由其负责指挥。

时除张部叛变外，尚有不少部队，由缪培南统率，在龙山、歧岭、铁场一带，与吾等接触，然皆为吾等所击败，所余部队退至西江，整编为一师，由中央委张向华为师长，后调驻宜昌。

余等进至广州后，即将广东部队及全省地区重新编配划分。李济琛派余任第四军军长兼西区绥靖委员，西区包含广州市、广府属及四邑、西江等地区，地方至为辽阔，陈真如任第十一军军长兼南路绥靖委员；徐景唐任第五军军长兼东江绥靖委员；王应榆任北江绥靖委员。

时余曾对李济琛建议，要余负责西区，必须先将为害地方之部队他调始可，否则即事无可为，无法进行绥靖，李卒纳余之所请。

余负责西区约十个月，即将土匪肃清，在清剿前三个月，先将部队分配布防，水陆并进，绥靖工作每月均有进展。

时区芳浦任政务处长，施政每三个月为一期，在全省未施行地方自治前，余即遵照总理遗教，实施地方自治，兴办学校，十个月内，全区兴办小学八百余间，改良各县监狱，开辟各县公路，均由余亲自分县前往召集地方自治机关首长开会，自筹经费办理，所用经费为数甚巨。

以前各河道航行船只，因治安不良，均须自筹经费，组织护航队，以为自卫，自从清剿实施后，土匪绝迹，各船已无须防卫，乃将自卫枪枝缴交绥靖公署。当时，因全区交通治安良好，无须抽收保护费，物价大平，人民安居乐业。民国十八年元旦，全广州爆竹声通宵达旦，一片升平景象，可谓为余一生过年之最感愉快者。将至拂晓，余仍至西关花市买花，所谓"先天下之忧而忧，后天下之乐而乐"，余深深体会矣！

时广州市政，由林云陔负责，均依照余计划进行办理，成绩亦极良好，如六脉渠之彻底改造、全广州市下水道之整建，及分期修建各街道、兴办医院、增设小学等，向现代化之都市积极迈进，并曾照余所提供意见，取消年达百余万元之生果捐，以裕民食。高等法院在北较场之监狱，亦由余呈请拨款所兴建，内设有工艺实习所，办理极为良好。

余自革命以来，除救人救国之外，别无其他目的，故无论从政从军，均本此意以赴，绝不稍有变移。余部队内之军医，非仅为官兵治病，并须为人民治疗，无需医药费，均准予照例设法补助，并规定军部、师部、团部医务所，每日下午必须为人民治病，部队所到之处，必须为人民种痘。余向主张军民分治，故在负责西区绥靖期间，从不举荐县长，均由省府派委，绝不如各区之擅委、擅扣。

十一、两广部队之编遣

时李济琛为中央参谋部长兼第八路总指挥，兼又粤省主席。余认为粤省已趋安定，为使符合民主政治，应即实行军政分治，故极力主张李氏辞卸粤主席之职，而交陈真如接任。至民国十八年春，李氏乃自动辞去，由陈真如接替。

民国十八年三月十五日，中央召开三全大会。陈真如、李济琛与余均为代表，乃欲共同赴京出席。陈氏至港，住皇后酒店，因遇火警由楼上跳下，折一腿，遂不能去，余因候余妻由高州返，故行稍迟，李氏则先行，抵达后，即被留在南京，余到上海时，蒋先生即发表余任广东编遣特派员，嘱即返粤，不必入京。

李氏被留南京，黄绍竑（季宽）即由梧州至穗，与第八路总部参谋长邓世增（益能）召开军事会议。决定出师，由湖南北上，并议决共拥余任第八路总指挥。余第四军所部，大部分亦已调往北江，时余兄维周在穗，曾劝第四军各师，应请示军长以决定行止，不应未奉命即擅自行动。于是，乃有黄质文等三团仍在河南不动。

蒋先生发表余任编遣特派员，乃系派李仙根携手令来沪交余者，当时余曾托李仙根转报蒋先生，如要余负此新任务，请其不必用兵，因北伐军事尚未完成，如革命军内部即自相倾轧，对于革命前途自极为不利，且如此亦可免除彼此加深裂痕，余返粤亦可较易有所作为，蒋先生深以为然，促余速返粤，本此意旨做去，余乃衔命南返。时有副官处长林时清及财政厅长冯祝万等随行，江防司令陈策亦与余同船。返至香港，黄埔军校教育长李扬敬，受粤中各师长之托来港与余会晤，并报告各方面军事情形。时陈真如在港，腿已折不能行动，以无法助余为憾，嗟叹不已。余见此局势如此恶化，恐难挽回，乃于是晚九时电余所部三师长来港研商。盖余甚不欲贸然至穗，免为彼等所挟持，难以应付。后阅当日广东报纸，获悉各方面军队，均已纷纷调动，粤币已跌至四成五，人民损失惨重。风声鹤唳，大有岌岌不可终日之势。至十时，因念半生革命，不知几历艰辛，目前局势如此恶劣，将何以收拾，不禁为之泪下。乃即前往医院晤陈真如，请其秘书代余拟接受中央命令发表就职通电。并请陈氏即电其旧部各师长，接受余之命令。

时粤江防司令部派海虎舰来港接陈策。余一方面通知该舰，载余返广州，一方面面嘱李扬敬（钦甫），率黄埔军校入伍生数千人至燕塘候命。午夜三时，余即搭海虎舰返穗，即日下午三时，抵白鹅潭附近，即召集记者至舰，发表就职通电，宣布余已接受中央所派编遣特派员任务。

通电发表后,余乃通知邓世增来舰晤谈。请其通知由广西调来之三团部队,要其于翌日离穗。并通令余第四军所属驻在河南之黄质文、黄延桢、张之英等三团,与李钦甫所率之入伍生队联络候命。

待至翌晨九时,徐赓陶来舰会晤,言客军已遵限离境,其余部队,均经遵照命令行事。经查属实后,余乃离舰登陆。于原第八路总指挥部,设立特派员办公处,实则余仍在第四军司令部办公,邓世增乃于是时离穗。余即将韶关、北江等地军队复员。时黄绍竑(季宽)派员来穗,与余等会晤,余曾与彼等约定,在三个月内,将两广部队整理完竣。使一切恢复常态后,余即与彼同出国,以减其因此次用兵而增加国家困难之罪戾。彼复函甚表赞同。但未及三个月,桂军即调兵沿西江而下攻击广东,并策动东江第五军及少数海军以为内应。

当桂军前进攻至肇庆,中央即发表余接任第八军总指挥,并派文官长古应芬(湘勤)来穗,面授机宜,粤省部队在余任编遣特派员后,即已缩为九个团,编为三个旅,至任第八路总指挥时,编遣工作亦已完成。于古应芬文官长返京时,余以九千五百元之代价,购青翠玉石一颗,请文官长交国府制印局,刻制国民政府玉玺一颗,国民党中央党部玉印一颗,表示余拥护国民政府及中央党部如玉之纯粹坚决,爱国爱党意志如玉之坚贞之意。并于此时整理第八路总部,知李济琛每月直接向总部支取家用，最少亦有八千元，多则达十二万元之巨。并常手令向财政厅提款数十万元，以供个人用途。余认为此种不良现象，必须革除。乃规定副官，将余每月薪水封送至家，不准家中直接向总部支取家用。

此次桂军攻粤，越过封川、江口余始获悉，不得已，乃采取内线作战。调集余所属部队，沿三水、清远布防。待桂军攻击至粤汉铁路之白坭站附近，此时广州风声鹤唳。加之东江第五军亦叛变，以为内应，余乃调蒋光鼐、蔡廷锴两旅前往堵截，并攻击惠州。桂军将攻至白坭附近，情势极为危急，余即赴前线鼓舞士气。并密令黄质文团相机反攻。黄部即乘夜出击，冲破桂军中部战线，追击数十里，使桂军一败不可收拾。时蒋旅及蔡旅亦已将第五军击败，追击至江西三南，余再派叶

"中华民国之玺"所用缅甸翠玉，系由作者捐赠。上图为玉玺之真迹及国民政府印铸局局长周仲良及考试院院长戴传贤之题识

肇旅长率兵两团,至江西信丰截击,将其全部缴械。

当东西两面战事最激烈之时,广州江防司令部有一泊于沙面之舰叛变。余先通知沙面外国人,即将该舰用飞机轰炸之,请勿误会。财政厅长冯祝万,在余将炸该舰时,苦劝余不可炸。余考虑再三,清除心腹之患,决心炸之。翌晨冯即不告而去。足见其事前亦与谋也。

我军正面则追击至封川。桂军即行撤退。时中央在武汉收编桂军残部,拨归李明瑞统率。适桂军攻粤,乃调其回桂助余。待战事平定后,乃奉令将蒋、蔡两旅改编为师。余所属三旅,亦同时改编为师。斯时,余所属部队计有五个师,两个独立旅。

此次桂军攻击广东,当为桂系对中央措施有所不满,故余任军长时,即已决心消弭中央与桂系之裂痕。民国十八年,适值新疆督军杨增新逝世,杨氏并非吾革命党人,但余在俄时,查得俄对新疆怀有极大野心,而杨氏对俄所派往新疆之官员,拒绝其入境。此举实值得吾人赞佩。

杨氏死后,余曾向蒋先生建议,派白健生率领桂军入驻新疆。并请李任潮劝邀白氏。其后,蒋先生及白健生虽均接纳余之建议,但白索开拔费三百万元,中央以财政困乏无以应,卒不能实现,殊为可惜。但余认为,此全由白氏无赴新疆诚意。否则即使中央不能一次拨给如许巨款,而陆续分期交付,似亦未为不可。

军队改编完竣仅三个月,余即接获情报,知李明瑞正在计划"赤化"广西,当即向蒋先生报告,蒋先生尚不置信。其后复接陈真如及各方报告始予重视。但云:"中央经费困难,广东如有办法,亦可行之。"后由陈真如筹款五万元,送桂军旅长吕焕炎,请其为内应。余乃调兵向广西攻击,吕即宣布独立,此后虽有战斗,但伤亡甚少,中央命余暂兼桂省主席,余则向中央保荐吕焕炎出任。时李明瑞虽逃走,但因局面尚未开展,故未交接。

民国十九年,适值阎、冯事变,张发奎乃由宜昌率领一师之众,径由湖南遄返广西。据湘省主席何键迭次电报,每日均有截击缴械,统计其人数不过三数千人,但根据余所派参谋前往桂林秘密点查结果,枪枝逾万,人逾一万五千。

余根据情报判断,张部当不下五六万人,以兵力关系,决心采取内线作战,并决以攻势防御之战术,占领军田以迄三水之线。而是时,冯、阎事变尚未解决,蒋先生深恐该线有失,影响全局,不同意余之计划。余以兵力不足,非如此则难以应付,乃即搜集船只,开梧州候命运兵。并迅即调东江之蒋、蔡两师,先返内线构筑工事,余又请蒋先生在可能范围内,增加一两师兵力,于十日以前到达。蒋先生复电可增调三师,于五日以前到达。

旋第六路总指挥朱绍良,率其第六路三个师前来,何部长应钦(敬之)亦随到广州,故此除粤境部队已调抵该防御线外,复令驻梧州部队,分批开返三水,沿军田一带加紧构筑工事，此项工事相当坚强，何部长亦深为嘉许此项工事之构筑完善。

第六路部队到后，余将花县以东地区防务交其负责，孰料张发奎部正向该处进攻，仅经三小时战斗而朱部败退，仅有少数零星部队退至广州近郊，余因何部长收得敌方电报，知张部在花县以东地区。花县以西迄三水之线，均为桂军，余乃决心使用总预备队，并尽量抽调左翼部队，转用于花县方面，斯时，余所训练之空军，亦能发挥威力，形成极大优势，一举破敌，转危为安。是役，敌我伤亡万余，单只受伤运返广州留医官兵，即达八千人以上。战况之惨烈可以想见。

当使用预备队增援时，敬之、真如诸人，均到司令部休息，且已准备登舰，余以此举影响士气民心甚大，乃告以前方战事有必胜把握。而蔡廷锴亦以预备队使用完了，恐指挥所受威胁（仅有卫士十余人），苦劝余先登车返新街，余因具必胜信心，未予接受，卒能于短时间将顽敌击溃，亦未始非余万分镇定、鼓励士气者有以致之也。

张桂军败退后，余即派队追击入桂，而张竟又集结残部复出容县，欲图西江，余以若不彻底将之击溃，仍为吾粤大患，乃决心与之决战（时蒋先生不欲再与之在容县决战）。经三日搏斗，卒将之击溃。

经此一役，张桂部即变更策略，欲转而北向，图出长江夺武汉，而与冯、阎相策应。蒋先生得报，即令余派第六路跟踪追击，并希望第八路另派两师，由船运长江，以备迎击。余以第六路距敌过远，难以追及，乃改派蒋、蔡、李三师，由梧州船运广州，再转粤汉车北出衡阳，截击敌人。余亦至乐昌指挥。

第六路则由船运武汉，尚未到达，而我追击部队，已与敌在衡阳接触，经激战后，敌即溃不成军，向南回窜全州。是役将士奋勇，张世德旅长身先士卒，不幸中弹阵亡，殊堪痛惜！至论功绩，亦以该旅及黄质文旅为大。经此一役，西南大定，冯、阎亦为之气馁，可称为大局之转捩点，其重要性可知。

时冯、阎尚未彻底解决，蒋先生询余意，可否抽调一部北上增援，余即电复同意，并即令蒋、蔡两师，由湘北开，嗣加入山东方面作战，一战而将阎部主力击溃，克复泰安、济南。旋再向陇海将冯部主力击败，自是冯、阎全部瓦解，大局从此底定。

中央论功行赏，以蒋、蔡两师合编为十九路军。复派古文官长应芬来粤，劝余兼任广东省主席，而陈真如则调至湖北。余以：（1）粤省迭经战役，亟待办理善后。（2）余素主张军民分治，广东应先实行，以作他省模范。（3）真如欲以黄居素接广州市长，并谓古应芬有意主粤政，足见其本人不愿调主湖北。故余电复中央谓："广州市长可不必换，候桂局解决，余即偕林云陔市长赴欧考察，以实践余游俄后再游西欧，以资比较之诺言"，因此余婉拒不兼主粤政。

蒋先生以余既不兼主粤政，即电召余及黄绍竑入京，征询解决桂局意见。（蒋先生不欲再对桂用兵，而拟用政治方法解决。)余乘机提出请假数月,赴欧考察,因未得蒋先生之应允而暂作罢。时胡先生亦对余谓:"既从事革命,而又坚要出国考察,究非所应为。"余谓:"吾国革命数十年,现在尚未开始训政,殊与总理遗教相违。"胡先生亦表示同感,乃即拟成六年训政计划案,主军民分治,向中央全体会议提出,均获通过。

十二、胡汉民事件与粤局

民国二十年二月二十八日,胡先生因约法之事与蒋先生意见不合,三月二日移居汤山,古应芬先生事前先请假返粤休养,旋辞文官长职,陈真如及各军政要人乃开会交换意见,咸主实行分裂。

时余方病愈出院,睹此情形,欲入京偕胡先生出国,而诸人均反对余行。适此时蒋、蔡两师长自赣来电,反对分裂之举,真如即离职赴港,余虽不赴京,而力主与中央不应兵戎相见,政治问题应以政治方法解决,故余始终不允就任联军总司令职。

十月十四日胡先生离京乘车抵达上海,余又拟出国,虽有主张采纳众意者,余仍力持反对,并即还乡葬父,决意事竣即出国,遂抵广州。时中央派吴忠信、于右任等来粤调解,余即表示,余在粤一日,所部军队决不与中央兵戎相见,并决心出国考察。但西南诸要人,则均反对余外行,余即提出如欲余不出国，则以停止对中央作军事行动、建设广东、继续"剿共"为先决条件，诸人均愿接受，因此余出国之行遂中止。

民国十六年余自苏俄返国后，即迭次将考察所得，与胡展堂先生交换意见，余以为此后中国，非经过法治、宪政，前途恐难成功，胡先生皆深以为然，遂决心就任立法院院长职。

当时，余奉中央命，兼广东省党部常务委员兼组织部长（接李君佩职），在此期间，余曾为党部方面节省经费五六万元，所有各县党部之整理，均不另行派人，而由当地遴选优秀党员充任，即余负责党务，亦只带秘书黄麟书，黄氏亦只带一干事而已。

一三、广东三年施政

民国二十一年秋，西南政务委员会奉准成立。余被推举为五常委之一，乃拟订《广东三年施政计划》，提经第卅六次政务会议通过，交广东省府付诸实施。该计划之立案基础，完全遵循《建国大纲》、《建国方略》、《三民主义》原则，并参酌地方实际情形拟订，用能进行顺利，三年有成，计划内容分整理与建设两大部：

（一）整理之部分为"吏治整理"与"财政整理"：

前者如甄别原有公务人员、考选公务人员、训练公务人员、尔后任用公务人员，以考试铨叙及训练及格者为限。实行考绩及人民弹劾制度。筹备人民直接选举县市长等。后者有整理一切税捐，增加收入。紧缩军政各费，减少支付、巩固省银行基金、整理货币、改良币制。推行营业税、取消苛细什捐、整理沙田、制定收支预算，从新分配政费。尽量增加教育建设经费。省及地方财政完全公开。改善税制，实行保护税率。发展省营企业，筹抵赌饷、烟税、实行禁赌禁烟。已清丈之土地改征地税等。

（二）建设之部分为"乡村建设"、"城市建设"及"交通建设"三项：

乡村建设如肃清土匪、编练地方团队、实行地方自治、训练人民行使四权、测量土地、调查人口、编登户籍、试行二五减租、改良农业、渔业、蚕业、兴水利、防水患、发展省营矿业、推行农村合作事业等属之。

关于城市建设，如实行地方自治、训练人民行使四权、调查户口、测量土地、设立省营工厂，又奖励人民投资、创办大规模、建设大发电厂、推广市民合作事业、办理工人保险、广建平民宿舍及平民宫、增设学校（尤其职业学校）、发展社会教育、建立民众教育馆、设立平民医院、养老院、育幼院、残废平民教养院、规复义仓等属之。

至于交通建设，则分别次第完成省县乡道、整理水道、发展航运及民用航空、完成长途电话通讯、筹筑江（江内）钦（钦县）及广梅铁路、扩筑广三铁路至柳州等。

施政计划之成败与否，须以优良治安为先决条件。故在未实施前，曾指派六团兵力从事"清剿全省土匪"。当时省内"土匪主要巢穴为东江之南山及琼崖五指山等地"，为数达数万之众。南山方面由张瑞贵所部及第三军一部分"清剿"，采取步步为营的方法，极为收效。琼崖方面则由陈汉光率其所部三团之众负责"清剿"，余限其六个月完成，但仅及四个月即告肃清。随即实施编组保甲，安定地方秩序，以为实施之准备，因此三年施政计划乃不得不延迟半年，至廿二年元旦始在中山纪念堂宣布实施。兹将其荦荦大者分述于左：

（1）整饬吏治方面

自扣留佛岗县长，及正法连山县长后，政风为之丕变。为求养成上下廉洁风气，通令各级人员，出巡或视察，绝对不得接受招待，更不得有任何需索。为求养成各级干部以配合施政之需要，乃举办地方自治人员训练所，及地政人员训练班，并招收大学毕业生，成立政治深造班，施以训练，总共受训毕业干部不下一万余人，教育经费提高至每年八百余万元，农林事业经费亦同时增加至八百万元以上。当时，为求改变政风，曾决定将省府及其他军事机关，分别迁往石牌及白云山沙河附近，使之隔离都市，地基均已整理好，并已分设有无线电台，惜以时局改变，未能实现。

（2）广州市政之改良

各市场建冷藏库，并拆迁木屋，于沙河一带建平民住宅近十万户,市容为之一新。全省各县均已设立平民医院、救济院、养老院、育幼院、习艺所等,以经费不足,并曾捐募得数百万元,以资补助。

广州地区之工业建设实施成效亦极卓著,如第一工业区之西村,建有肥田料厂(并可制毒气)、硝酸厂、苏打厂、水泥厂、酒精厂。第二工业区之河南,建有纺织、麻织、丝织、绒织、毛织等厂,产品除供给本省需要外,大部分销南洋各地。第三工业区之芳村(南石头),建有大规模造纸厂,每日可出产五十吨,足供长江以南各省之用。此外分在各地设有糖厂六个(新造、市桥、揭阳、顺德、东莞、惠阳),产量既大,品质亦优,挽回利益不少。又于徐闻、钦廉、琼州、惠阳建军垦区四所,以容纳退役军人。

黄埔商埠,亦根据总理之实业计划而开辟,当时,派罗文幹为建埠主任,下令严禁黄埔一带土地之买卖,以便统筹作有计划之建设。良以广州商业之繁盛,必有赖于黄埔建埠之成功,此实为繁荣广州之主要工作也。

(3)重工业方面

建设湛江兵工厂,采用德国机器,并由六个厂合并组成,预定九年完成,约用六千余万元。初期建设费已用去二千余万元,完成后可与克虏伯、施柯达、士乃德等厂相比美。另建筑炼钢厂二个,其一为德商承建之军事炼钢厂,需费二千余万元,已交二百万镑。聘美人任总工程师,其余工程师均为英人。约定三年后即训练完成我国工程人员自行开工。惜以环境变迁未能实现。

由于广东天时地利之合宜，当时决定大量发展糖业、纸业，以执中国糖、纸业之牛耳。糖业方面之机器，系采用捷克与美国者，盖用其彼此互相竞争，以各取所长，南石头之纸厂，只建筑地基，已用四百万元，其工程之浩大于此可见。

至引为憾者，厥为翁江发电厂未能完成，若能建设成功，则广东西至三水、中顺及北江一带，东至惠州之用电，均可解决，但其水坝之建筑极需审慎，否则一旦溃决，广州将成泽国，为害非小。故当时由瑞士与德国厂商接洽承办，先组织两工程队详细计划。一队负责设计建筑水坝以策安全。并安装西村士敏土厂第三副机器，制造士敏土以供翁江水电厂之需要。待工程完竣，再供敷设省道之用。另一队负责监工及与德国、瑞士两国厂商洽购机器，瑞士取价港币一千九百万元，德国取价二千二百万元，当时余已决定与瑞士签行合约，以局势遽变，余乃离粤赴欧，无法继续办理。

（4）经济建设方面

当时邹海滨、林云陔诸人，均主张余公布经济计划。但余以为，余之经济计划乃总理实业计划之部分。简言之：目的在增加国家资本，一方面建设国家经济，同时建设国民经济。以合作经济为基础，以国家经济之力量，发展国民经济，沿社会主义途径以达实现民生主义之计划经济。当时，颇有人非议，余之经济措施为与民争利。但余认为，供应调节民生之需要，少数重要必需品之统制，乃属不可避免者。当时全省设义仓九十六所，用以调节粮食。并由政府设立大纺织厂，解决人民衣料问题。增加水泥产量，建筑材料不假外求。取消苛捐杂税七八十种，月减捐税七百余万，因之物价平稳，人民称庆。

为安定省内金融，余曾将当日所办之两军垦之糖厂，拨作省行基金，以加强经济建设之原动力，稳固广东省行币制之信用。至于广东省行货币之发行，则组织监发委员会，以十七人组织之，十五人是省参议会及商会，纯粹由人民组成，政府仅派财政厅长、省行长两人参与督导而已。军垦处亦协助发展国民经济，如农民需要农贷种籽等，亦酌予供应。总之，余之一切措施，莫不以改良人民生活为出发点，而以实现民生主义为鹄的。

余之经济计划，原拟使农村与都市平均发展，但因人才与资金缺乏关系，一时却不易实现。民国廿五年，余赴欧考察，始知非都市现代化，农村即无法规循现代化而发展；非使都市工业化，农村亦无法机械化，故余原定之经济计划，其后乃不能不有所修正。

（5）交通建设方面

广东全省公路，据民国二十一年度之调查，已完成者仅一万五千余公里。经三年次第兴筑，省、县、乡道几达四万余公里。不独全省地方四通八达，毗连赣、桂、湘、闽等省边境，亦复交通联贯运输无阻。农工商业固受其益，"剿匪设防"亦大有裨助。

为办理广东全省港务，积极发展航业，因设立广东全省港务管理局，以取代原有之粤海关理船厅。并成立航海讲习所，招收十八至二十五岁之初中毕业学生，予以专门训练，使之熟习航海技能。民国二十三年七月由技士余骥会同航海讲习所主任伍自立、李应濂，正式接管广南船厂，拟具营业规则、候理舰船简章、船坞船排租赁价目表等，备案施行。同年九月一日，由刘百畴负责于黄埔成立广东造船厂，厂内图则，由华益公司承办。

为利粤省政令推行，并与国际间互通消息起见，设立了广东无线电广播电台一座，以英镑三万余元订购五十启罗华德机件，广播力倍增。此外，并完成长途电话线网，广汕、广江间之无线长途电话于民国二十二年底已完成通话，至于石惠干线、石虎干线等有线电话，计程约五百余里，于民国二十三年完工后亦可与广州直接通话。

珠江两岸交通，原定建桥三座以为连系。一在石牌通河南，一在黄沙通石围塘，一在长堤通河南，但其后只完成长堤通河南一座。至于黄沙通石围塘一座，仅完成部分桥趸，其余一座仅作绘测，尚未动工，预定此建桥计划完成，香港轮渡即不准停泊北岸。而在河南方面加建码头，移泊南岸，借以繁荣河南。如此则地价增加，收益亦属不少。

（6）军事方面

当时广东军队，为数甚众，军费之负担，殊为浩繁。而其素质亦甚优良，因此中央在江西"剿匪"方面，畀余所负之责任亦至为重大。当时何应钦任北路军总司令，余任南路军总司令。民国廿一年，共军五六万之众倾巢而出，扑向广东，进攻南雄，其势甚猛。经数日之战斗，互有进退。但由于我军获空军之协助，及装备之优良，军心之团结，卒将共军击败，歼敌几达三万人。

余之"剿匪"主张，以"经济剿共"及"政治剿共"为前提，"军事剿共"运用兵力犹在其次。"经济剿共"方面，当时余曾布告，要共党自动缴械来归，余之幕僚认为此举颇觉可笑，但收效亦属不少。凡缴械投诚者，余均遣回原籍，资助其安家乐业。并注意农村之安定与经济之发展，务使人人生活问题获得解决，而逐渐达于富足，庶可免铤而走险，为共党所利用。"政治剿共"方面，则尽力整肃贪污，澄清吏治，提高待遇，以安定其生活。务求一切施政，达到利民、便民，绝对禁止对人民苛扰，以免引起人民对政府之反感，杜绝给予共党利用之机会。当时广东积极从事各项建设，发展经济，致使社会安定，物价平稳，民生富裕，对于"剿共"实助力不少。

时日本在东北侵华之势益烈。乃电省党部，发动各界进行救国捐款，所获捐款为数共达百万元，颇有可观。后即用以购买大量高射炮及飞机，在抗战初期所用以对日本者，即以此为主。

民国廿二年夏，因第三军长李扬敬请病假，余给以假期三个月，嘱其静养，所负职务由余暂行兼代，余乃出巡东江。

余出巡海丰、陆丰及惠来后，旋即前往揭阳。当余到达揭阳码头时，该地驻军曾派部队至码头欢迎，揭阳县长谢鹤年亦率属至码头，迎候余登陆。第三军教导团队伍后背，突有一穿军服之班长持函交余。余接函后，渠即以左手握手榴弹高举，右手执余衣领称"对不起"。余即高声喝谓："究所为何事？"此声一出，该凶手颇为震恐，面部变色。余即用力紧握其持手榴弹之左手，同时揭阳县长谢鹤年等，亦将凶手紧抱。该凶手又欲以右手握尖刀，李（扬敬）军长之卫队排长则夺去其尖刀。时张瑞贵在余侧，筹思二三秒钟，乃用腕将凶手尽力一推，将其摔出数丈之外。余亦因受力而向后离开原立位置约丈余，凶手所持之手榴弹亦即随之爆炸。在场人员伤亡达数十人。凶手亦当场为士兵乱枪所击毙。时谢鹤年所率欢迎人员尚未散去。余随即出席演讲，若无其事。此次变故究为何人所主使，因凶手已死，无法取得口供。但众信必为土匪所为无疑。

一四、反对闽变

民国二十二年十一月，陈真如等在福建发动事变，组织人民政府，李济琛自任人民政府主席，并宣布"三项基本决议"，其重要内容有：

一、中国为中华全国生产的人民之民主共和国。

二、否认南京政府，打倒以南京为中心之国民党系统。

三、清除有关总理纪念事物及总理遗像。

四、取消青天白日旗。

余审度其所作所为，既不遵奉总理，又不要党，实感无限惊异，故当事变发生后数日，余即在西南政务委员会，提通过反对此次事变之议案。当会议进行之际，李宗仁曾持异议，谓不可遽而通过，主张暂时静观其变，余事先已接获情报，谓李与闽方已早有默契，今观此而益信，余遂决意及早表明余之态度，故不顾李之反对，力主通过，众亦赞同。十一月二十二日乃由西南执行部发出通电，对闽省政变表示绝不苟同。

事变发生后，中央立即命余派兵入闽。余乃派黄任寰师入武平、上杭一带。第三军一部分推进至闽边境，与中央军遥相呼应。盖是时，余负责南路"剿匪"军事，实无力顾及闽变也。后李宗仁又谓："如反对案必要通过，则主张召集号称抗日之六君子沈钧儒、章乃器等，来粤会议。"余即表示反对，李谓："既不赞成在粤召开，可否改在广西之梧州召开？"余谓："如在梧州召开，余则不加闻问。"李见余之态度如此坚决，对于召集会议之举遂亦中止。

时湘省主席何键，亦至乐昌城与余会晤，探听余对闽变之态度，虽则此次事变，不久即为中央所平定，但由于余所持反对之坚决，湘、桂各省均未敢异动，否则影响所及，尚难预料，亦足见余所持态度，对于当时局势关系之重要。

闽变平定后，江西共军即有立足不稳、向外"窜扰"之势，时余负责南路，防线为赣南一带。兵力计有第一军广西黄赞斌师及第三军黄质文师，防线长达数百里，兵力不及十师，当时"匪势"虽大，但时为北路大军所压迫，余始终争取主动。

民国廿三年冬，盘踞兴国、雩都等地共军，经南北两路夹击，已无法立足，乃即"西窜"，余派第二军军长张达率所属追击，广西亦派兵堵截，缴械数千杆，在梧州转交余之俘虏，亦达三四千人。余乃拨款分别资遣回原籍，使之安居乐业，尚有项英残部，在安远、信丰一带，与第一军及第三军一部分接触，但无激烈之战斗。

自福建事变后，余深感世道人心业已崩溃，乃决心重整道德以挽颓风。于是，在政务委员会提出通过尊孔案，恢复祀孔，提倡读经。并拟聘请国内国学大家，从新整理国学，加以研究，重加编订。当时余在政务委员会提案，每月拨款四万元以为编经经费。然因中山大学与教育厅为编经权，互争不让。中山大学认为："中大为全省最高学府，故应为中大主办。"教育厅则以"经费为省府所拨，应由省府之教育厅办理"。彼此争持不决，遂致未能实施。

闽变后不久，日本之侵略变本加厉，不断向南伸展，长城一带要地均已失陷。此时，广东无论军民人等，均主张积极抗日，学生亦时举行罢课示威游行，要求出兵北上，抗日气氛日渐高涨，大有风起云涌不能遏止之势。

斯时中央之政策，则以忍让为主，余一方面要奉行中央决策，一方面又要应付日渐高张的民气，深感进退两难。然维护国家领土主权，乃人民一致之要求，余亦不能强加压制也。

余一生所历惊险颇多，但均有惊无险，不可谓非幸运。犹忆闽变后数月，余赴穗郊罗岗洞观赏梅花。余与妻及子女数人共乘一车，另有一车载卫士随行。于回程时，番禺县政府民兵排长某，突率县兵十六人向余座车开枪截击，幸未被击中，余车随即转道改赴增城。途中因速率过高，又失事撞落水中，余车均遭浸没，车之钢条亦多断折。但余妻及子女数人，幸均无恙，仅余胸部被压伤，调养一周亦获痊愈。此次变故，虽将肇事官兵缴械捕获，但侦讯结果士兵均不知情，排长某拘禁数月亦病死狱中。究为何人所指使，卒无法获知真相。

一五、赴欧考察

自"一二八"事变发生后，日人侵略中国之野心益显，广东民众抗日情绪达于高潮，大中学生罢课、工人罢工、示威游行，风起云涌，中山大学学生竟有捣毁教育厅之行为，其激昂情绪可以想见。

民国廿五年初，港督郝德杰邀余访港，余以港方曾供给我方有关"日舰诡称访琼，而实则偷入大鹏湾窥测地形水道"之情报，又对治安方面亦能互助合作，盛情可感，乃答允往访。除表示谢意外，并提出若干抗日问题与之商谈，港督表示，愿助我购买武器装具，并供给抗日弹药。余亦自动提出，以教导师及警卫旅协防香港之口头保证。其后向英国定购大炮、飞机、高射炮、机关枪、通讯器材及医药、卫生材料大批，得港方便利不少，该批武器药材，在抗战初期，曾发挥最大效用，裨益战局不浅。

廿五年六月，余以抗日准备工作已将完成，抗日时机亦已成熟，乃决心派兵十师北上抗日。同时发表抗日主张通电，并饬由党部募捐款项逾数十万元，分别援助马占山之抗日军，及韩国革命志士，以增强抗日声势。而中央认为时机未到，制止余之行动。国人亦间有误解余之主张，诸多忖测。余以耿耿忠心既不为中央及国人所谅，为表明心迹及避免分裂计，遂即发表通电，自动下野赴港，旋派黄麟书赴京，请领护照出国考察。所属空军，饬由黄光锐司令率领，飞京听候编配。陆军则交第一军长余汉谋统辖改编。抗日战争初期，均有良好战绩表现，实不负余"整军抗日"之初志，深以为慰。关于总部交代及广州治安，饬由参谋长兼省会公安局长何荦负完全责任。

忆余为建设广东，曾挪用军费七八百万元。而当离去前夕，军队欠饷完全清发，并另发伙食费半月，所存公积金三百余万元亦分文移交。余对广东建设不遗余力，成就亦尚可观，急流勇退、临财不苟,亦无憾矣!

八月卅日,余领得护照后,即偕同林翼中、区芳浦、黄麟书三厅长,及温泰华、梁植槐夫妇等赴欧。余前后两次出国,亡妻莫漱英均力赞余行,并以前途光明远大相勖。至今思之,犹不能忘怀。成行之日,亦深以能偿赴欧考察凤愿为慰。

船抵义大利之威尼斯港后,即登陆赴瑞士考察,该国政治民主,且人民行使直接民权,议会权利亦大,民主风气可与英、法并驾齐驱,实足为吾人借鉴。人民丰衣足食,低收入者之财产,每人亦有瑞币七百元之身家。地方建设极现代化,风景亦佳,无怪瑞士有"世界花园"之称。一日在某旅馆午饭后,有该国记者访余,对余谓:"前陈将军建设广东,敝国得与合作,甚感敬佩,惟报章有载杀麻疯病人之事,是否属实?"余答谓:"疯人既为病人,而非罪人,何至以罪人相待而予以杀害?君当知石龙设有麻疯病院,收容治疗麻疯病人,焉有杀害之理?如有,则非余主政之时,当不能负其责。"彼乃冰释。

在瑞士作一个月之休养及考察后,乃转赴义大利。该国政治领袖莫沙里尼,在米兰地方,将退伍军人组成六团,以反共为号召,卒能获得政权,以前该国人民懒惰颓靡不守时间,地方污秽,政治败坏,盗窃之风甚炽,莫氏执政后,一扫以往积弊,建设国防军备,对空军建设、交通发展、政治改革均甚成功,工厂及博物馆亦颇具规模。宏图大略,殊堪敬佩。外长齐亚诺,为莫氏女婿,年少精干,且有强硬外交手腕。余曾与刘大使文岛往访，晤谈二十分钟。罗马帝国时代之暴虐政治，迄今尚有不少遗迹可寻。如罗马现尚有不少地窖，为当日因禁囚徒之所。闻常纵放猛虎进入地窖，使之残害囚徒，其不顾人道有如此者。

考察二十余日后赴法。抵法曾参观议会两次，均遇见议员在议席上互相斗殴，由议长摇铃停止开会。该国政潮迭起，实非偶然。参观空军时受到隆重军礼欢迎。其空军多种设备，均相当可观。至于教育，则中学生受教甚严，绝非如我国学校之散漫。士乃德兵工厂，规模甚大，乘车参观亦达数小时之久。南部香水厂林立（有七十余厂），数十里之内，香花与香水之香气相混，到处皆是。在法国参观世界展览会，达十七日之久。展品琳琅满目，美不胜收。其中以英国纺织品为之冠，而西北欧各国之物质文明，亦有优良表现。巴黎游客众多，言语复杂，足见各国士女游巴黎者之众。法人好享乐，工作并不勤劳，且时有罢工风潮，其国势日趋削弱以此为主因。而该国完善之下水道建设，则值得吾人所仿效。余因风湿骨痛，到艾斯里崩之温泉沐浴治疗，经二十余日始愈。

在法逗留四阅月，旋赴英伦。先考察牛津、剑桥两大学，该两校自成立以来，改革甚少，一切均采保守作风，但教授素质甚高，教学认真，故英国各级干部，多由该校出身。图书馆内，陈列中国书籍不少，足见对吾国文化之重视。

该国政治，在十八世纪时，甚为腐败，抢劫之风亦盛，伦敦市内，尚有匪巢遗留，供人凭吊，但经工业革命后贪污绝迹，治安转佳。于此足证余之工业计划如获成功，则不特经济问题可以解决，即政治、文化亦可随之而进步，实非空谈。至于该国政治进步原因，第一：考试。第二：为考绩。第三：为改良待遇。第四：为保障职位。举贤任能，人人安心工作。政治日趋修明，而其他部门亦随之而发达。惟该国粮食不足，每年仰赖印度、丹麦输入农产品不少。

伦敦冬季雾大，行车甚为危险。余参观工厂及博物馆时，曾被煤屑飞入眼内，医治兼旬始愈。当地华侨非多，仅办有小学一所，余曾捐助款项。华人街道污秽，与他区迥然不同。

嗣赴德国。政府招待，执礼甚恭。参观其联合炼钢厂，克虏伯兵工厂，及各大工厂，机器新颖，管理得法，规模宏大，为他国所不及。

市政方面，房屋均尚方形，绝无圆形，整齐划一。市街及地道交通，各车站整洁，为世界冠。柏林近郊有一小河，水道交通不便，而以空中吊车俨若铁路为补助交通，足知其科学之发达。该国运河亦发达，分段设置水闸，因水面不平，以起重机将船吊过他段，工程甚大。

纳粹党党务活动，均在夜间，利用业余时间，不影响个人职业。故其干部，均尽义务，不支薪津。余曾到数处参观，亦系夜间前往。其全国各种实验室，虽星期日亦不休息，照常指导学生，从事实验工作。其民族之精神于此可见。尝见德人与义大利人在戏院共同举行电单车及单车竞赛,德人奋勇争先、不避艰险之精神,均为他国所不及。即此可知,日耳曼民族之优秀及其奋斗,绝无灭亡之理。

其小学毕业之青年男女,如要结婚,仍须入结婚训练所,受训六个月,方准举行结婚。军人在公共场所、车站及街上不吸烟。舞场亦无军人足迹,其军纪之严肃可知矣。当时,余即判断德国必将复兴,且不久即可能有军事行动,即以上述所见为根据。惟其粮食不足,当时粤之石井兵工厂及湛江兵工厂之建设,及粤省所定德国一切机器,均可以农产品之豆类议定价格,分期交付。

在德国勾留约五周,即赴捷克。先是捷克政府曾派员到伦敦欢迎余往。及抵境,以友邦上将礼接待,参谋总长亲到迎接,军警站岗戒备,并空出最新建成之华贵旅馆全间,为余等住所。

余于抵达之次日,即往回拜参谋总长。每当余等前往各处参观,必派护卫车,并派扫雪车先行开道。至斯可达兵工厂参观,见其规模之大,足与克虏伯厂相媲美,引导参观人员,曾将第一次大战后复兴情形,为余等详述,谓:"全国体育会,有基本会员数万人,每人月纳会费十元,如有建设体育一切设备之需要,并尽力捐献,政府年中亦有补助。该国于第一次大战后,即赖该体育团体革命成功,即以此为复兴基础"云云。余因目视德国整军经武情形,曾对其参谋总长提供意见,谓:

"贵国应对德国提高警惕。"总长表示同感并致谢意。

十二月十二日西安事变发生，蒋先生被劫持，情势严重，余为期早日结束考察日程，归国共负艰巨，乃即赴奥地利考察。时为隆冬季节，该国失业人数甚多，政府只能派任扫雪工作以代救济。此乃因该国于第一次欧战时，工业方面损失颇重，一切工厂大都尚未复元，政府未上轨道之故。

旋赴匈牙利。因我国元朝太宗窝阔台，曾攻打至德国之棉森（Manson），及占领该国之全部地方，故余抵该处时，其人民自称祖先为东方人，对余等极表亲善，引往各处参观。并称战后颇多无法恢复旧观，从前富者均变为贫人。

此时，余着翼中、芳浦、麟书三人先返国。余送彼等登车赴义大利后，亦即与梁植槐夫妇及温泰华等，前往南斯拉夫。该国为农业国，工业并不发达。除略考察其农业外，无其他可供考察。然其民族勇悍，第一次大战时，曾有良好表现。

随即往保加利亚，该国地小民贫，无甚可述。旋赴土耳其，见其民族性与一切建设，均与远东无大异，但在凯末尔实行革命后，一切均有改革进步。人民禁用包头巾，违者拘禁，可见其政令之严。惟工业仍不发达，失业者甚多，到处可见乞丐。参观其皇宫博物馆，尚存老太监一名，与之摄影留念。该国人团结性甚强，强邻虎视眈眈，而卒能屹立，未始无因。

时余恶性疟疾复发，请美国医师诊治，亦不知为何病，嗣温泰华将其在国内时，曾患恶性疟疾情形相告后，以恶性疟疾医治获痊愈。热退后，欲食瘦猪肉粥，嘱人购买猪肉不到，始知全土耳其是回教国家，全国不宰猪，故无猪肉可购。

疟疾愈后，即赴希腊，抵京城雅典，该国为文明古国，文化、政治相当发达。欧洲文化发源于此，继之者即为罗马帝国。该国与英国有传统友谊，且迭结秦晋之好。建设方面颇多，但不伟大。只有美国工程师所建之自来水塘，至为宏伟，他无可述。

不久西安事变和平解决，十二月二十六日蒋先生平安返抵南京。余拟再赴北欧考察。于是，复往瑞士，留住旬余，当时曾邀集留欧学生叙晤，报告广东建设实况，彼等均感满意。时美洲华侨来电，欢迎游美，余拟考察北欧（瑞典、丹麦、挪威等国）完竣，再行赴美。不料芦沟桥（七七）事变发生，抗战开始，事遂中止。

时中央已决心抗日，余乃即赴巴黎，协助顾维钧大使，雇请法人演讲，控诉日本罪行，并向法商催促，迅速交付余前所订购之军需品。

余此次来欧，所到各国，均蒙我国公使及大使热烈欢迎及招待，照料一切，综括游览欧洲所见各国，科学均达相当水准。而苏俄至少落后五十年，人民生活亦然。经此次考察，检讨余之三年建设计划，深感过去重视政治训练而忽略经济建设之失当，并因现代经济人才太少，致合作事业等迄无成就，而都市与农村平衡发展亦为不可能，盖必都市机械化成功，然后农村机械化始有成功之可期也。至于工商管理方法、成本会计制度之实施，及该项人才之罗致与养成，尤应予以重视，他日"光复大陆"，重建国家，当本此一得之见，贡其绵薄。

余以国难方殷，决即归国，经义大利时，曾请刘文岛大使向义洽购飞机七百万港元，以供抗日之用，刘氏电报中央，蒋先生来电嘉奖，并促余返国，电中提及购机权应属中央，余当接受，后卒向美国洽购。归程中接获上海发生战事消息。余即电李钦甫，拨港币十五万元，为接济在沪之粤籍同乡返港或回粤之船票费用。钦甫即将款交上海慈善团体办理。船经新加坡，当地华侨多人（内有老侨胞十余人）到码头欢迎。余当即登岸与之晤谈，并至旅馆休息三日。目睹侨胞爱国热情，深感佩慰。

一六、全面抗日

民国二十六年九月初返抵香港，抵境之日，吾粤文武当局，派代表李大超、香翰屏二氏，欢迎余返广州，中央亦来电，促余入京共商抗战大计。及抵广州，余主张多调兵到上海作战，适余汉谋总司令患病，只简单表示，如中央再需调兵参战，令下当即遵办，余亦嘱加强广州近郊工事，以应事变。

余旋即赴港小住数日，乃偕翼中、芳浦、麟书、公卓、钦甫诸人，搭机经汉口入京，当即往谒蒋先生，表示共赴国难之诚意。时在沪参战之昔日同袍（六十六军、八十三军，共四师一旅），来电欢迎赴沪。余复电答允，并即报告蒋先生，蒋先生亦同意，嘱余先视察工事，三日后再往沪。

余偕白崇禧（健生）及军政部高级人员数人，同往视察二日即竣事。余呈报蒋先生以京郊工事不合时代需要，如为德顾问所为，应请查究。蒋先生并询余："南京是否可守？"余谓："现为立体战争时代。敌人海空军及炮兵均处优势。长江与城垣不特不能成为优越之防御条件，长江反易为敌海军利用。且就敌人进攻方面而言，长江适在我后。背水而战亦为兵家所忌，故余不同意守南京。"嗣开军事会议，余复申前说。何、白诸人亦赞成余说。无奈唐生智自告奋勇，愿负责死守，结果中道弃守，消耗吾粤健儿二万余人，将官伤亡亦达数人，殊觉痛心。

蒋先生既决以唐负责守京之后，上海战事急转直下。乃嘱敬之告余："沪将不守，勿再赴沪，应趁未有任务以前，先行离京赴湘，或赴赣候命。"次晨，余即向蒋先生辞行，经赣赴湘之衡阳暂住，抵达后，住于衡山福岩寺，不数日，戴季陶先生亦寓是处，于晤谈间，曾建议先生改良佛教，余谓："外国教徒，入教即入世，我国教徒，入教即出世，对于社会人群毫无裨益，可否由先生提倡改良？"当蒙赞同，乃各出五百元，宴请和尚阐释前说，结果佛教徒亦组担架兵一队，赴前方服务。

嗣国府迁汉，余亦前往，在南京时，曾向蒋先生建议，加强对美、英、法、苏外交关系，并主张孙哲生赴苏，宋子文赴美，王宠惠赴英，附带对法联络，斡旋各国外交，以与我有利为目的，后来政府亦大致如此实行。余并谓："美向无领土野心。日、俄战后，美国政治家，均主保持我国领土主权之完整，尤应与之亲善，从事经济合作、技术合作，欢迎其大量投资开发工矿实业，以完成总理实业计划。"抵汉后，复向蒋先生建议两事：（一）所有全国各沦陷区之学生，凡失学者，均由政府收容教育，以为后期抗战及复国建国之准备。（二）流亡儿童，亦由政府提倡，号召社会，尽量收容，余当即捐二万元，协助此一工作之进行，蒋先生均采纳实施。

蒋先生曾二次促余复出统兵，余以过去实行三年计划后，对军事甚少研究，对经济、政治、社会文化甚感兴趣。近来致力于此，不愿再掌军事，婉词推却，嗣后陈诚（辞修）又于某夜九时，衔蒋先生命访余，谓："蒋先生决以一个战区职务畀汝。"余以吾粤精锐部队，在南京保卫战损耗惨重，决不再掌军事，并重申对蒋先生所提前说。且谓："如非自动请缨，而必强余为之，则惟有自裁。"事乃寝息。但以李钦甫有志于军事，乃向蒋先生推荐。后派赴珞珈山训练团负责教育工作。

蒋先生以余不愿带兵，询余欲任何职？余答："只求对国家有所贡献，即参咨议亦所乐为。"后被任为国府委员。二十六年十一月国府迁渝，汉口只设军事指挥机构。适值余妻莫漱英留居香港肾病复发，热久不退，余内心深觉不安。拟赴渝就职后，请假赴港料理。因余半生戎马，奔走不遑，对于妻子甚少机会照料。拟乘此职务较轻，稍尽夫道。乃向蒋先生面陈，蒙慨予允许，于是赴渝就职。随即返汉面谒蒋先生后转赴香港。抵港后，借刘瑞恒之介，获识协和医院外科主任谢元甫（中山人，加拿大出生），为余妻施手术一次，将输尿管结石取出。手术情形良好，健康日有进步。据该医生谓："右边尚有一石，如无发作，可无须施割"，余心甚慰。

民国二十七年，汪精卫因主和，与蒋先生意见不合，乃于十二月二十一日经云南逃至越南。某日，路透社记者访余。谓："本社得到消息，汪与陈将军均主张与日媾和。如果仅汪一人主和，影响不大，倘将军亦主和，则情势当不同矣，究竟将军之主张为何？请有以见告。"余答谓："余素主张抗日。君等如非健忘，当可复按。今日人着着进攻，岂有主和之理？明日余当至余所创办之德明中学发表演说，阐明主张彻底抗日立场。"记者乃兴辞而去。当余在德明中学发表演说后，汪妻陈璧君，曾数次访余，余均避不见面。

不久，蒋先生派翼中来港，促余返京。廿八年九月，乃偕翼中、芳浦、麟书等，经越南、云南入渝，顺道考察西贡、海防、河内等地，及抵云南，得知石井兵工厂，及韶关飞机制造厂，已迁抵该处，湛江兵工厂亦迁抵重庆，多年经营之抗日准备之军事机构，得以保全，且可借机发挥效用，实感快慰。嗣蒋先生派其座机来接，遂搭机赴渝。

至渝后，军事委员会即指定同园为吾人住宿之所，并派定厨师,专司吾人膳食,及汽车一部以利出入,招待至为周到。在此居住约一月。度过双十节后,余乃赴成都、新城、灌县、峨眉山等地旅行。

民国廿八年十一月十二日本党五届六中全体会议在重庆召开,蒋先生命林翼中向余征询,嘱在农林、社会、海外等三部,择一负责,并在三日内回报。余因感自己是农村生长,深知农民生活之苦况。且感农业为我国立国之本,况在抗战期间,关系军粮民食至大。乃决定选任农林部长。同时,蒋先生复提名余任中央常务委员,及国防最高委员会委员。

一七、出长农林

民国二十九年三月十五日,中央正式发表余任农林部长。农林部乃新设之部,一切均须从新着手,绝无成规可循。时经济部原设有农林司,但以经费缺乏,且无人才,徒具虚名,因此,今后之农林事业,应如何力求发展,以配合抗战需要,乃为当时急切之图,故筹备工作,千头万绪,极为费时。

余用人一本至公,故决定罗致全国农林人才,集中力量,开辟中国农林事业新历史。因此,乃电请中山大学农学院长邓植仪,来渝协助筹备,并计划一切。同时,选定农林专门人才张远峰、钱天鹤、赵葆全、李顺卿、皮作琼等二十余人,拟订中国农林施政计划,及广东三年农业计划。而各方面推荐之农林人才亦达四百余人,均由林翼中、区芳浦审慎遴选。并召集各人谈话,征询关于农林方面之意见。

时因筹备工作尚未就绪,久未就职,蒋先生对此极为关怀,催余迅行就职,并谓知余对于农林事业必有新的计划,嘱尽量发挥,采取各国之所长,不必有所顾虑。当曾向蒋先生提出下列各点意见:(一)中国幅员广大,荒地甚多,必须设法开垦。(二)滇缅路业已开通,西南方面必将随之繁荣。似应开辟一南方走廊,以为移民之准备。(三)新疆之天山南北路尤须迅速从事开发、移民,以为对苏之准备。(四)余对苏联所行之各种农林制度,或有取资参考用之处,但只取其名称,而不采取其精神,如国营农林事业必须举办,但办理完成后,即交由各省接管经营,与苏联一切由中央垄断者不同。(五)实行总理扶植农林目的,积极办理土地银行,实行耕者有其田。并报告余目前虽未就职,但已有不少人员积极办理筹备工作,一俟稍有就绪,即当遵命就职视事。蒋先生对此均表同意,并表嘉慰。

计自三月十五日发表余为农林部长,至七月,历时四月,始筹备完成,二十二日余乃正式就职,并派林翼中为政务次长,钱天鹤为常务次长,张远峰为农事司长,赵葆全任农村经济司长,李顺卿任林业司长,邓植仪任技监,皮作琼任简任技正,兼粮食增产委员会副主任委员(主任委员由余自兼),区芳浦任顾问,兼总务司长,垦务总局长余自兼任,派唐启宇任局务协办，代余负责。

余之农林政策，乃将两次赴欧洲考察各国所得，综合研究，采长去短而决定者。故仿照法国，将农林部不设于都市，而设于离重庆三十余里之新发乡，利用当地庙宇，并搭盖少数茅草房屋，以为办公之用。

时余之旧部，闻讯前来求事者为数颇众，余以彼等多属军人，不适于任此等工作，均给予旅费遣返，而专用农林专门人才，即余戚莫以桢，虽曾任团长，经区芳浦派任专员，余亦认为不可，改派为办事员，随余办理什务。

因感于第一次世界大战德国之失败，系由于粮食之缺乏，乃组织粮食增产委员会，从事粮食增产工作，以应抗战之需要。当时，调集有关人员，及动员全国农学院及农业专门学校二年级以上之学生，下乡协办增产工作者，即四川一省，为数几达千人。收效颇大，川省尤著。故在抗战期间，对于粮食之供应，实不无裨益。

民国卅年四月一日，召开全国农林会议。决定全国农林施政计划，举凡有关农林、渔牧、水利、垦殖等，均经详细研讨，拟就实施方案，呈请拨足经费实施。计由本部直接办理者，有淡水鱼繁殖场。由香港用飞机运鱼苗入川，推广并奖励农家开设鱼塘养殖，以促进抗战后方鱼量之增产。又开办大规模之耕牛繁殖场，从事耕牛选种改良及繁殖工作。西北各省，为羊类出产地区，故于甘肃开办大规模之牧羊场，从事繁殖及病疫预防，以为示范。又于陕西、甘肃、河南、四川，分别设立黄龙山、黎坪、优牛山、河西及东西山五个垦区，收容难民几达二万人，使之从事开垦。其中尤以黄龙山垦区规模最大，垦民约有八千人，次为黎坪垦区，垦民约有四千人，均属河南方面之难民。彼等因获得收容，不致铤而走险，对于安定抗战后方，裨益至大。

时余妻右边肾石加大，而变为慢性肾炎，长期发烧，病势日益加重。菲律宾及香港医生，均主张再行开刀割治。余乃复请协和医院外科主任谢元甫医师赴港。再行割治，但彼以战事影响，不愿南行。后由外交部长王亮畴，及美国驻华大使詹顺协同敦请，始允至港。但开刀后，因结石过大，而流血不止，遂决定将右肾全部割去。据谢医师专函云："只剩下一肾亦有再活二十年者。但必须对病人严守秘密，以免影响其心理始可。"后因赴戏院看戏，左肾受冷，遂致复病，且势更严重。七月十九日余接医师签字电告，乃决定请假返港。二十一日专函陈布雷先生，代余呈请准假二十天，二十三日乘机飞抵香港，与中西医生会面。皆云："人事药物俱已用尽，无法挽回。"端赖病人本身力量以为抵抗而已，直至假期已满，病状仍无进步，后以余妻病势过重，极须料理，乃电中央辞职，未能获准，只准随时来往港、渝，料理妻病。

余已决定于十二月十四日返渝，不料，日军于八日即进攻香港。余深知如在港为日军所获，必将被迫与汪伪政权合流，而为其所利用。因此，即电请中央，派机来接。已蒙中央复电派机，但因九龙机场已失守，飞机无法着陆。且当日军进入九龙攻至铜锣环时，情势已急迫万分。不得已乃化装离家，遂与中央失去联络，余遂决意冒险逃出香港。至于脱险经过情形，已另有《香港脱险记》（详见《传记文学》杂志第十四卷第三期）详纪其事，兹不再赘。

余脱险返渝后，中央极欲余继续掌持农林部。但余力辞，而专任国防最高委员会委员，及中央常务委员，因此，对中央常务委员会事务，颇能多加注意。根据北方各省向中常会之报告获悉，共产党在长江以北，杀害本党同志，已达四百余人，故凡属各省因公来渝将领，与余会晤时，余均主张向共产党施行攻击，绝不能再加宽恕。时适广西捕获共产党八十余人，余即以常务委员资格去电，嘱将其集中感化后，再提会追认。嗣接复电，业已释放。余再函粤南路各专员公署，务须防范此辈前往活动，以免地方为其祸害。

由此可知，余对共产党之奋斗，不因时地之变移而稍有妥协之余地。即如广东之东江，曾生辈在抗战时，在惠州等地，借组织游击队之名，大行土共在乡横行之实。边区司令香翰屏到重庆时，余曾面嘱，设法清除曾生共党，以慰"剿共"阵亡将士之灵，惟香翰屏返防后不慎，与民军司令辖凤翔商讨解决办法，后为辖凤翔姑息而放之，以致再为广东东江之患，殊为可惜。

民国三十三年五月二十日，中央召开中全会，余因病未能出席，蒋先生原欲来寓探余，嗣因见余寓所在生生花园，狭隘且路崎岖难行，乃改派其公子蒋经国代表前来慰问。在抗战八年间，凡开中全会，余与何应钦将军同为党中军事组召集人，因适逢一次余不能出席，所有南北各省来渝出席人员，均至余寓晤谈，获悉军队待遇微薄，士兵营养缺乏，时有晕厥者，且军风纪极坏，到处骚扰人民，军队所到乡间，食民之粮，取民之物，诚恐影响抗战前途非小。余病愈后，即将此情形向中常会报告，并痛责政治部长张治中，不将军队生活情形向蒋先生报告，实为对党国不忠，全场为之鼓掌不绝，甚且有呼"中华民国万岁"者。会后，余亲赴张氏寓所表示歉意。说明会中所言，完全为公绝无任何私见，请其原谅。翌日，蒋先生约余吃晚饭，问及此事，余谓："政治部之责任：括有（1）引导军队与民众接近，（2）帮助维持军风纪，（3）在战场上鼓舞士气，（4）加强军队政治训练，（5）注意士兵生活及向长官报告。余所指出者乃军中生活实际情形。为抗战前途着想，实不得不言者，对于政治部，绝无任何私见。"后蒋先生乃与余面谈，关于增加军队主食问题，卒决定每人每日增加食米五两，如食不完，可以将余米作有计划之处置，或变买油菜，增加士兵营养，而免扰及人民。

一八、战后琐忆

民国三十二年十一月二十三日，中、美、英于开罗举行会议。蒋先生于出席前，曾征询国防委员会，关于战后处理朝鲜、越南、香港等地意见。余当时在国防最高委员会建议，朝鲜必须完全独立。越南原为吾国属国，可在十年至十五年内，给予独立，吾人可极力助其军事、经济、政治及一切，亦约于十五年间，由安南向我请求作为联邦，并入吾国版图。不意开罗会议时，罗斯福主张越南留待战后再谈，台湾及东北则归还我国，韩国则短时期内，暂由国联托管，将来许其独立。

当时，我国防委员会亦建议，请罗斯福设法，战后交还香港。罗氏返华盛顿后，复电蒋先生，提议将香港改为自由港。蒋先生交国防委员会研究，余认为不可。因香港是吾国领土，可作南方军港，如改自由港，则政治、军事均非吾国所能设置。余极力主张应为吾国之属地，但可作为无税港，对于外国原有产业，一切照旧保全。孙科亦极支持我的建议。惟后罗斯福对此意见不复。胜利后，吾国对英国外交，关于香港问题仍持保留态度。

关于国币回笼问题，当时，余曾提议发行金公债，以收回国币。孙科赞同余之意见。但孔祥熙则力表反对，致不获通过。

时因鉴于重庆警察之腐败，会中曾提议，招收高中毕业学生万余人，施以警察训练，将来用飞机运往各重要城市，负责接收，俾期易于恢复秩序，亦为孔祥熙所反对而不获通过。

民国三十四年八月十一日，日本投降，抗战胜利，中央乃派余与李文范为两广及台湾宣慰使。……

余于十二月十三日离渝后，即往广西之桂林、柳州、梧州等地工作，指挥当地政府从事复员，并视察党务，获悉中央所欠该省党务经费，达二千余万元，乃电请中央予以照数补发，并请拨补给车辆，以助其复员。嗣回至广东视察，知中央所欠粤省党务经费尤巨，竟达四千余万元，当电请中央照数补发，并协助其解决有关复员之困难。时余妻病势日趋严重，极须料理，遂与李文范分道，请其前往台湾，余往海南。

民国三十五年一月十八日下午一时，余搭机飞抵海口。第四十六军韩军长，率领当地各机关首长及仪队在机场迎迓。旋即前往军长官邸休息及午膳。七日行程中，除与当地各军政首长举行多次会谈外，并前往各地作实际参观、视察，发觉该岛于日人占领期间，确实兴建不少工厂。但战后接收情形弊病甚多，公家损失极大。余乃建议中央将该岛划为特别区，派要员负责治理，并派专门人员统接统收，妥为利用，否则半年后，则日本所建设之各种工厂，必遭散失。后即与李文范会报中央，结束宣慰事宜。余乃于一月二十四日上午十时搭机飞往湛江转茂名，探望余妻。时余深知马歇尔使华，乃是与共产党言和者。更因余妻病缠，须待料理，故决心不再回京。

余既决心留茂名料理妻病，乃将实情电报蒋主席。旧历年关过后，即携带余妻莫漱英，及在茂名读书之子女赴广州，聘请名医杨子韬等，研究治疗方法。初用"盘尼西林"无效。后改用"斯塔杜米仙"（Step Tromy Cin），以反应不良，因此日趋沉重，卒至不起，痛哉！据医谓："尊夫人之肾脏缓性炎症，本非严重，竟至不起，实因用药反应之所致。"因当时所请之医生，对此药尚少经验，致有此失，悔恨无穷。

民国三十六年二月（阴历正月二十七日）余妻逝世。子女幼小，中年丧妻，痛苦何似！得区芳浦兄婉劝云："听吾公哭诉，均是文言，且吾公又识作诗，何不吟诗留作纪念。"余从之，即吟诗以悼之，余子女未成年者多，照理诸感麻烦，更增对亡妻哀思，在此一年中，吟成悼亡诗千数百首，是年十二月二十二日，曾一度晕倒达数分钟之久，幸为树桓发现，即呼人抬余上床，并以电话约医生数名来家会诊，始能脱险，旬余乃愈。

余妻逝世，蒋主席来电慰唁，并促余赴京任职，国府派余任行政院政务委员及战略顾问职，余以子女众多，而多未成年，须自料理家务，且平时不惯理家，今处此境，实感困扰，无法抽身赴京供职，电复婉辞。

一九、南海风云

民国卅八年初，中央以海南地位重要，划为特别行政区。先后委派张向华、李伯豪为行政长官，均辞不就。邹海滨等诸元老，以大局如此严重，应遴选革命性强而富于经验与服务热情者担任，并认为余最适合。先未征求余同意，即向孙哲生院长提出。孙先生深表同意，发表后乃约余晤谈，余以见危受命，义不容辞，慨然接受。当提请组军三旅，以资"清剿"海南冯白驹"匪股"，奉准照办后遂即开始准备工作。

是年三月廿九日，飞赴海南，四月一日，接任视事后，大陆局势即急转直下，共军不费一枪一弹，即直渡长江，进迫南京。国府乃不得不南迁广州。斯时，以对共党主战主和意见纷歧，争论不休，日益加深当时局势之危机。而李代总统宗仁则由京径返桂林，曾致函敬之院长，促蒋先生出国，敬之报蒋先生，蒋先生以李代总统是党中同志，竟亦有此举动，殊感痛愤。嗣敬之复以函示余，余卒读后亦不觉慨然泪下。曾拟请阎锡山（百川）、朱家骅（骝先）、吴忠信（礼卿）及余等四人为使，赴桂林劝李氏来粤。余请敬之先电白健生至桂林相候，如白氏答允，余等即成行。抵桂后，余劝李氏以党国为重，来粤共撑危局，李氏虽抵粤，然发表谈话，仍一面主张抗共党，一面主张和谈。余以与初衷相背，大感失望，曾向孙哲生建议："蒋先生为主战者，应请复出领导。"孙氏谓："汝既赴台（衔李氏命促辞修来粤），可乘便面谒蒋先生征求意见。"及抵台，与辞修谈及拟谒蒋先生事，渠谓："此时无可能，因蒋先生此时住兵舰上。"先是敬之"院长"以李氏到广州后，已有倦勤之意，辞修曾劝余出任"行政院"。余以时局如此复杂，难期有所建树，未予考虑。嗣李氏提名居觉生，因"立法院"不能通过，李氏又折返桂林，余劝李氏可另择他人，不应因此置国事于不顾。李氏嘱余及于（右任）"院长"，征询阎锡山或朱家骅意见。后阎氏允就，事乃能决。余以斡旋大局，奔走各方，今幸不辱使命，私心稍慰。并以离所已久，诸事亟待处理，遂即飞返海南，继续进行治理工作。

......

就军事方面言，大陆已岌岌可危。海南军事之措施最急切者，厥为肃清内部土共，以免将来防守海南背面受敌。故当时曾两次作严密之部署，"进剿"以五指山为"巢穴"之冯白驹，限期肃清，惜均以大陆之军事紧急，"围剿"部队临时奉命他调，致两次"围剿"计划均未成功，留贻心腹之患。......

海南于抗战时，被日本占领期间，对于水电、工矿及交通事业，开发与建设不少，如东方水电厂、石禄与田独铁矿、土敏土厂、砖瓦厂、制冰厂、酒精厂、豉油厂、火力发电厂、锯木厂以及冷藏库等，为数甚多。惜于胜利接收时，流弊百出。且接收后，又不加以保护及利用，任由废弃，言之痛心。犹忆胜利后，余至海南宣慰时，曾建议中央将海南划为特别区，派要员治理，并派专门技术人员负责接受利用，对于战后海南经济实不无裨益。待余接任时，能维持原状者，仅田独铁矿而已，其余均已变成废墟。余当时即请准中央，将该铁矿交由长官公署接办，俾得就近从事整理，增加生产，以为建设海南之基础。斯时，海南之国民经济，因抗战时受日本之摧残，未能休养生息，民生凋敝已达极点。故余未接任之前，即与诸儿谈话谓："余此次出长海南军政，非为做官，乃为救国救民，及为汝曹着想，盖国家民族已如此危急，救亡图存实人人有责。如不能挽救国家民族之危亡，则汝曹日后世世代代即将为人奴隶。但若要救国救民，必须不惜牺牲个人资产。届时如为父者需要变卖多少家产，以供军政费之需时，汝曹不可怀怨。"待接事后，因中央迁播不定，军政各费时虞不继，乃不得不将私人产业向中央银行押款应急，奉当时"行政院"何敬之"院长"批准，押借港币三十万元，后只借到十五万元。其余在港、澳两方向私人挪借者，为数尚多，未能尽列。

余当时治理海南，曾提四个口号，即"军事新生"、"政治新生"、"社会新生"及"经济新生"，以为共同努力之目标。为求经济之复兴，必须先安定金融，当即呈奉"中央"核准，成立海南银行，发行银元券，信用极著，并呈奉核准将"中央"管辖之价值银元百余万元之敌伪产业，拨入该行为基金，用以巩固币信。为求发展合作事业，促进农村经济之繁荣，特发起组织合作银行。各界认股极为踊跃，预定股本额为银元二百万元，筹足一百万元，即行开幕。惜以奉命撤退，未能实现。

亦曾收集残破机器，建设一小规模之纺织厂于府城。曾有多种民生日用品、所需之衣料出品，供应市场。余半生来，如遇有治理之机会，即注意民生问题，所以虽在纷乱之中，仍着重建设者,即是此故也。

为求配合政治之改革及巩固政治基层组织,乃成立海南干部训练团。招收高初中毕业学生,施以训练,以养成各级干部,经受训毕业,派往各乡镇任乡镇长者,均能克尽厥职,极著成效。

此外并成立军事干部训练团。在广东南路各县,招收高初中毕业学生,授以军事训练,共有学生八九百人。在海南撤退后,拨归"中央"直接管训。

至于社会救济事业,规定每县由公署一次拨给五千元,各成立恢复原有之救济院及育幼院(广东三年施政计划时已设立),负责办理各该县救济事宜。又在榆林成立热带病之治疗及研究工作。在府城成立省辖之卫生病院,聘请美国教会在海口市服务医院院长陈大业,充任公署卫生设计顾问,积极计划卫生医院,设计兴建或补充及扩充计划。均经分别拟订详细实施方案,开始实施。海口市政府之兴建,尚系余将私人之黄金百余两,向银行作按揭借二万余元建成。海口市政之改良,每月均有长足之进步。惜以军事局势演变,奉命撤退,未能达成整个计划耳。

二〇、由琼来台

广州于一九四九年十月十三日"沦陷"后,"绥靖公署主任"余汉谋、"广东省政府主席"薛岳，皆相继到达海南，余竭诚相见，推心置腹，邀约此后共同患难，共同生死，共挽危局，曾再三表示：琼州府城有五公祠之历史，我们三人应矢志共患难、同生死，如必要时，矢志牺牲，不成功则成仁，而成为八公祠。当时，得余、薛允诺后，余即决心将军权让与薛岳。并派李扬敬携亲笔函赴重庆，一致蒋总裁，一致阎锡山"行政院长"，完成公事手续。据李扬敬回报称：总裁对余将军权让予薛岳以促进团结之表现，甚为嘉许。阎"院长"亦曾面云："伯南先生真是可佩，时至今日，犹将军权让人，真是令人五体投地，敬佩不已。"至于余主任，则自行到台湾"行政院"，完成公事手续，如此，广东三领袖，能在海南团结支持大局者，无他，是余半生来在壮年时所持"忍让为国"四字之座右铭，及五十岁时所持"胸犹万谷存天地"、"心似三光济物人"两座右铭之养成，而达成此人和之目的，亦是余自生来，不争名利之先天禀赋有以致之也。

广州"沦陷"，顾"参谋总长"祝同飞到海南后，余即建议调云南三师余程万军，空运海南增防。顾氏犹豫不决。经过二十天后，余再提。并问："汝有权调云南兵到海南否？如无权，则请到台湾请示总裁。"渠始云："无权。"余即促其赴台，渠亦觉四川、云南半壁均属无望，始允赴台请示总裁。嗣得总裁决定许可后，即拟由空运余程万军到海南，惟因时机已迟，开始运军眷及宪兵一团到榆林，云南飞机场即为敌所占据，假使当日余程万军能依我愿早日到达，海南则决不如是容易被攻陷也。又余以私人款项在香港购买各种兵器，因在菲律宾受阻；而在云南兵工厂所购之轻机枪数百挺，只能装运来一百挺，即宋子文答应助余之武器，结果亦是空言。另广州"绥靖公署"自迁到海南后，即办理结束。其参谋长梁世骥，因"绥署"结束即往香港，返港后即往广州投共。因此，共党得悉海南实际情形，急行进攻海南。上项诸因素，均是海南不能久守之原因也。

一九四九年底，"中央"由重庆播迁来台后，"代总统"李宗仁竟于时局万分危急之秋卸责出国，致使中枢无人。当时，适"广州绥靖公署主任"余汉谋，及"广东省主席"薛岳均到海南。余即主张由余领衔联电请蒋公复职。电云："台北总裁蒋，密，党国飘摇而中枢久悬无主，军民惶恐万分，钧座身系天下安危，苍生望切，伏恳当机立断，早复大位。领导反共抗俄之战，争取胜利。职等谨率粤海军民，无限拥戴翘企之至。"至一九五〇年三月一日蒋总裁终允复职。

"元首"有人，且雾季已过，余即赴榆林，计划建设榆林港。不意共党侦知余赴榆林，即乘机进攻海口，旋为我军聚歼，缴械数千。原来，敌于雾季时间，连月派军袭我边境，不下十数次之多。惟于四月某日林彪部万余人，由临高登陆，与我军作战数日，敌我双方损失颇重。余电台湾请援，均无以应。乃决心电请蒋总裁，准许来台面报一切。四月二十三日，蒙蒋总裁复电批准。翌日，即偕"空军副总司令"王叔铭同来台湾，当晚八时蒋总裁约晚餐。晚餐后，余即报告海南军事紧急情形，并面请增陆军一军，以及飞机、兵舰等等。最后，得悉台湾实防情形，无法增拨。余即主张派兵舰护送船只到海南，接载所有员兵，迅速撤退来台，徐图"复国"，蒙蒋总裁采纳。翌晨决定后，即派"海军总司令"桂永清，及海军顾问柯克（Cooke）上将，与余一齐飞返海南，布置撤退。余临行向总裁辞行时，总裁嘱余曰："伯南兄，汝千祈要来台湾，我有任务给汝。"余不考虑即率直回答曰："总统，济棠革命的人生见解，在二十五年以前早已决定，时至今日，国事既如此，济棠决不私往海外作偷生，苟活于人世。但济棠此数月来，万分辛苦，数月失眠，体重已减轻十余磅，来台后，贱躯必须休养。"云云。总裁闻余言后，即微笑连声"好"、"好"！当即辞出，飞返海南。

原来，余继室冯锡如，于十日前即奉蒋总裁夫人电，来台湾开反共抗俄妇女联合会，并带海南妇女二人同来开会。因既决定撤海南兵来台，余决心嘱继室冯锡如不必返海南，只带其同来两位妇女同机返海南。接回员兵舰只，原拟四月廿八日即到海南，不意竟有一部船只延至五月二日始到，所以，因船迟到，损失多达二三万兵员，到台兵员仅六万余人耳。

二一、兴学概述

余前离京（陪都）南下宣慰时，曾对一般老同志表示：

"济棠今日抗日目的既达，今后当注重社会文化事业。"因以前建设中山大学未达理想目的，故拟创办珠海大学或德明大学。同时，建设热带病院，培养热带病人才，解决中国热带病症。

首将香港德明中学扩充为德明学院。一方面提高侨胞智识水准，一方面作为纪念总理，所以将余在广州梅花村之房屋一部，拨办德明中学。时教育部以香港及茂名均有德明纪念中学，不必再设，余谓："纪念国父之建设，多多益善，不应予以限制"，后卒获开办。抗战期间，广州青年数百人，拟赴香港德明中学就学，余以彼等远道求学，志殊堪嘉，为使彼等便利省费计，即在茂名设立德明中学，予以收容。于抗战期间，南路各中学办理成绩，以该校为最优，于此足征予对社会文化事业之重视，已不自今始。

筹办珠海大学，暂以广州市农林路杜益谦住宅为校舍，后选定北较场为校址，土地由余及幄奇、钦甫、翰屏、翼中、芳浦、麟书诸人捐赠，校舍已成两大座，建筑费已达二十余万港币。该校教授极受尊重与优待，学生亦能守纪勤学，尊师重道。朱家骅部长莅校视察，认为师资、设备与校风之优良，在全国私立大学中，实不可多得。

至于热带病院，亦于同期间在茂名建立，并预定增设热带病医学院，以资配合，经拨惠州军垦区田地，作为该院基金，并捐募得田租百余石。院舍已建筑完成，因设备未周，先与茂名卫生院合作，开始普通疾病治疗工作。惜值大陆失掉，未竟全功，深引为憾。忆余在渝时，曾与美国教会费神父商洽，合作建设热带病院事。费神父答允尽可能范围内，供给药物及医疗人才，只由我方供应食宿。我方亦可选送医学人才，赴美受热带病理学深造教育，并可由教会资助一部分费用。当时，曾派马元瑛以分界医院院长名义赴美深造，惜不久费神父病逝，事遂未成。

在一九四九年秋，广州未失前，余曾计划将中山大学搬迁海南。曾令海南大学抽出一半校舍给中大，而中大亦曾派员视察及接洽。惜因故，未能实现，殊为可惜！余仅将自己创办之珠海大学则依计划搬到香港，广州德明中学则搬迁至澳门，均能依照计划实现。至今犹能保存此两个文化机构，借以作育海外青年，服务华侨社会，凡属该二校毕业学生，多能勤谨将事，力争上游，实践"礼义廉耻"校训，亦慰事也。

附 录
香港脱险记

　　日寇在香港爆发战争时，余适在港，在未脱险前，有传余已被捕者，有传余已在广州播音者，有传余已在南京者，飞语流言，不一而足，海内外人士，疑信参半，及后知余确已脱险归来，谣言顿息，惟能知当时经过实情者盖鲜，知交过访，辄殷殷垂询，惟余生性木讷寡言，此事又非短语所能尽述，故往往不愿置答，即答亦不能详尽，此殊有负友好拳拳关切之意也，兹略述梗概，以备必要时浏览焉。

　　民国卅年时余在渝长农林部，七月十九日（旧历六月二十一日）忽接香港来电，乃中西医生联名拍发者，云内子莫漱英血中尿毒病，人事药物俱已用尽，无法挽救，余阅电后，以妻病危子幼，非余返港一行，将无人能决策主理，遂决意向蒋总裁请假，廿一日适星期日，乃专函陈布雷先生，代我陈请，即日邀准假廿天，廿三日即乘飞机抵港，与各中西医生会面，皆谓现时药物，对血中尿毒症，尚未有所发明，今所希望者，只病人本身力量，足以抵抗而已，直至假期已满，病状仍无进步，复续假三十天，嗣后略有转机，乃作回渝计，不料太平洋战争突发，八日晨七时，日机竟飞临九龙启德机场投弹，其声隆然，余当时不信家人防空演习之说，即时乘车至医院视内子，及至，则医院已奉令限病人即日离院，移医院交军用矣。余乃以车载内子及长女佩馨归东山台住宅（是时佩馨女适伤寒症愈后），复遣车至对海九龙接小儿等，而港政府已于此时下令，禁止九龙居民渡海来港，故儿等无法前来，江君茂森与其眷属亦同被困九龙，江君乃代余照料儿子者，余急以电话请罗绅旭和来，约同见港督交涉，下午二时罗绅至，同车先至警司署，已得特别准许，故无须再见港督矣。四时九龙家人与茂森眷属均连袂渡海而来，余心稍安，惟东山台住宅，既无防空洞设备，又无粮储蓄，难题孔多，未易解决也。旋得友人孙家哲君送来白米五大麻包，并附以腊肉、碱菜等，邻居冯强家君有一防空洞，翌日得其允许，乃令小儿等先行入洞，三日后复于冯强家屋檐下张帆布帐幕，置行军床于其下，为内子漱英下榻之所，余与江茂森君则席地而卧，敌机至始行入洞，至诸孩子在洞住者，日久在洞中，余感空气不足，易于生病，故常出屋边瞭望，敌炮弹落于何处，以便照料孩子离洞，规定短小时间，呼吸新鲜空气。余戎马半生，此种生活，本已为寻常见惯之事，但内子病未痊愈，诸看护又为军事调用，李医生虽介绍一看护，但该看护竟到一日则离去矣，子女均属幼稚，忽逢此剧变，于吾心不无戚戚然矣。三日内李树培医生，每日尚到东山台住宅，与内子打针一次，在枪林弹雨中，李医生犹能前来，令余感甚。

当时唯一上策，惟有能及早离港耳。八号午后，我已请陈筹硕同志用余名义代电蒋总裁，恳派机前来，接余及家属赴渝，十日荷复电照准，余喜可知矣。不意十一日九龙匪徒大肆劫掠，秩序紊乱，且闻来机已在南雄失事，十三日启德机场又复失守，乘机赴渝之举，乃告绝望，自时余益陷于艰苦之途矣。在此数日间，余与内子筹商再四，俱不能尽一善策，至十八日，敌已渡海登陆，在铜锣湾作战甚剧，余已知香港决难久守，内子亦以事急不忍以私情害公义，乃告余曰："日寇欲得子以为傀儡者必甚于他人，子一生革命历史，将何以自保，晚节将何以自全，其化装私行毋稍需，需，事之贼也。"余早有此意，惟恐伤内子之心，故不忍言，今内子先我言之，言以一妇人，能明大义若此，心极感佩，即将寄子托妻之重任，付托江茂森君，时适有何予珍女士来，乃化装偕行，至跑马地，觅得四邑商人邹某，其时炮火连天，邹云："目前无办法，汝可暂至岭南学校，俟停战三天内，我去接汝。"何并云："人少不能筹划潜行，须配备二三十人乃可。"其言奇异，令人生疑，夫化装私行者所以避耳目求机密耳，而集众策划，人庞言杂，适足可偾事，何其矛盾至此。余深恐其卤莽败吾事，遂复折回东山台住宅，觅友人沈以甘筹商善策，时邓瑞人、张之英、黄居素等亦来会，邓云："我盐公司有林绍荣其人者，机警可靠，可否请他带汝出险耶？"余颔之，邓即以电话告林君，谓兹介绍挚友到君处，有要事奉商，如见面时，请妥为照料云云。十九日午，余即化装再下山，临行时，召儿女云："有人问我行踪，可言我于十二日乘飞机到重庆去矣。"对内子云："余生平行事，一本正义仁爱，昔日历险已多，均能履险如夷，此行可决无危险，汝可安心，今后余暂改名为何养，此名是我革命时所用之名，是余幼时乳名也，惟汝病后体弱，复以众子女相累，则诚苦汝矣，今后须以人为重，不必以财物为念也。"复嘱江君茂森云："汝须负责尽忠，为余照料家人。"时沈以甘君即遣一仆为余负行李而行。是时也，家忧国难，丛集藐躬，离妻别子，孑身孤窘，余肠几寸寸断矣。余未至林君处，先赴凤飞台道正中学校，此校为黄君冠章所主办，既至，炮火甚烈，冠章与余至一靠近泥墙较厚之室，认为比较安全也。校址与吾兄维周所避居之房子，距离甚近，乃往访之，谈时略进粥襟充饥，维兄邀余暂时同居，余谓吾已决心离港矣。彼复询余今后通信地址，余谓逃难人见机行事，实无定所，遂返校，时念白乐天诗句"田园寥落干戈后，骨肉流离道路中"，不禁黯然自伤矣。

是夕在校中，长儿树坤到来作伴，共榻卧，与内子临别后，除零用外，予我金钱数枚，以备万一之需，媳妇树坤妻与冠章太太将金钱为余藏缝鞋底，终宵劳碌，代余整装。廿日晨到凤辉台下十一号林君绍荣处，彼此不相识，彼问我何人来有何事，余答云我乃陈某，来请汝带我内地去，彼云，此事关系重大，恐负不起责任，余闻言，知其不轻诺，已决其必不寡信矣，且观其人厚重机智，信其可托也。乃以国家大义责之。彼甚为感动，遂意决。是夜彼预为策划，终夜布置，廿一日早，嘱余至云咸街华侨中学暂住数日，俟停战三天内彼来会面云。当取米约卅斤，并腊味、咸菜等，遣其堂表弟某甲随余，又以五十元酬金搭某一公家汽车而往。抵校，即以电话至以甘，询问余家人消息，彼云："自十九日君离去后约二小时，东山台冯强家宅即中炮弹起火，燃烧甚烈，贵眷均在冯宅下防空洞，不能出，几乎全葬烈焰中矣！幸得自卫队救熄，现令夫人既携长女佩馨，幼子得宁，乘马医生车赴中环伍梯云夫人家，其余子女均赴蓝塘道孙家哲家去矣。"余惊慰交感之余，乃回忆当九龙匪风最炽时，余本维持地方治安之心，拨出手枪两枝，提倡组织东山台自卫队，余尽用木棒作武器，不料此次竟赖自卫队之力，免家人于大难，余平素恒言："救人即所以救己。"至此乃知益信而有征矣。当救火时炮弹继续而至，自卫队不避危险，卒死伤数人，其勇敢诚足多者，余至今仍耿耿不能忘怀，恒思有以能报之一日也。廿二日至廿六日以自来水大铁管被炸裂，饮水来源告绝，某甲虽赴山洞取水，然杯水不足以苏涸鲋，有时取不到，无以为炊，幸行李中内子于余临行时，置饼干一罐，鲜橙数枚，得以稍解饥渴。廿五日香港已全告陷落，自此余遂置身于敌人势力范围之下矣，日人索余益急，危机四伏，随时有被捕之虞，幸余生平素养，每遇大事，均以镇静处之，故始终心思不乱。下午七时余以为电话必不通矣，始一试之，竟能与以甘通话，深以为奇。以甘云，此处旁人不少，非汝同道，请不必多说话，盖深恐泄漏也。

该华侨中学尚有学生十余人居住；每于日夜间，或唱歌，或唱留声机器，或打麻将，及其他赌博，置战争惨酷于脑后，余更感慨此殖民地之教育，误我国家民族不少也。

廿七日下午五时，林君依约来会，认为居此多日，不宜再留，乃引余至中环兴发祥号。此店是邓瑞人之侄所开设者，林君每日必外出，夜必归来与我作伴。余以多日卧无垫褥，腰部受寒剧痛，虽饮食亦不能起坐，林君欲为我聘医生，余以港中医生，著名者均为余所素识，故宁忍痛，不允许也。不意两天后，林竟与我同病，余反转促其觅医，谓汝食药效验，我可照剂服矣。彼乃往觅著名中医罗某就诊，三服而痊。彼伪对罗云："予有长兄约年五十，与予同病，但平时胃弱，可依方服药否。"罗云："吾方至神，何不可耶。"余遂照服之，确然而愈。时腰痛虽止，然蜷伏蛰居，如坐针毡，自忖万一遭捕，何以自处，自不能不预为之计，乃自语曰："读圣贤书，所为何事，孟子不云乎：生亦我所欲也，义亦我所欲也，二者不可得兼，则舍生而取义，今日余所处境遇，则其言不啻为余说法矣。"便即遣林君至以甘处取鸦片钱余，预为成仁取义之具，伪之，预备肚痛时借以自疗。林君更为觅命书、龟壳等，以备必要时可化装为星相士，掩人耳目。卅一年元月三日以甘来云："汪已派伪广东民政厅长某到处寻访，谓汪渴欲公出任军事委员会委员长"，余始知日人广张网罗之余，伪组织者更甘为鹰犬矣，余心更添一层忧虑。四日更有前十余年之友二人来访，劝余暂行隐匿，勿作逃遁想，待必要时，可出面维持大局，意图脱逃，实属危险，并邀我住某人家中，谓可保无虞。余已喻其来意，即答曰："革命者只有走直线，不能走曲线，更不能作投机之想，余为三民主义信徒，岂能为个人利害计耶。"复出所藏鸦片示之，以表决心。彼等见余坚决，知不可夺志，乃曰："吾等实无他意，不过以此时图冲破罗网求兔脱，事实危险不能行，意欲保全吾公，留作中国政治一线生机，故来劝阻耳，见仁见智，不能强同，公既如是其坚而决，吾等亦复何言。"遂兴辞而退。余于彼等行后，知兴发祥更不能留，遂于五日迁至一卖白粥小店寄住，租一小房，订明月给其一百元，与卖白粥及卖浆饼为活者作友约一星期，早晚在室内小房散步数千步，以免体弱，增加步行逃难之足力，与林君约，此后少来往，用避人耳目。自五日至九日无日不急图渡海过九龙入粤，然日人无日不枪杀渡海者，不敢行，林君认此路线过于危险，不若及早改变，于九日晚谓余曰："汝如能耐苦者，可由西环坐小船赴大澳，总较渡九龙被日人枪杀为佳。"余深以为然。余在兴发祥号时，居住楼上，该号伙伴，多日出夜归，至夜间，余恒询其日中所见所闻之事，具知日寇在港，每日不是残杀同胞，便是强奸妇女，若一一记之，诚恐罄竹难尽。兹略记一事，亦足以概其余矣。有某卖米店，店外以长绳拦阻行人，而有证购米者方许入绳内待购，有一少妇，携一年约三龄之小孩，越绳而入，日兵见之，乃即捕之，褫其衣，妇以为日兵之所欲者，在取其衣耳，欲行又不许，复褫其裳，妇拒之，日兵亲自强褫，致全身赤然露众目，妇羞极而泣，孩亦大啼，且时严寒战栗，抱孩遁入附近一店中，幸店主怜其遇，取旧衣裳与之。倭寇虽日日以中日亲善欺人，但其所为，已令人痛恨入骨髓，永永不忘，行见其心劳日拙，惨受苦报之补也。

十日林君赴西环侦查，果无日兵在，吾意益决。十一日四时卅分钟，即启程，计至西环须步行十五里，沿途目击持证购米者，踵趾相接，长数里，每人每日限购米六两四钱，在凄风惨雨中，体弱者往往晕倒路侧，亦有鹄立终日，空手而归者，百年繁盛之香港，曾几何时，竟成一鬼市地狱，余心酸楚万状，不禁慨然泪下矣。上午七时已抵西环，竟发现狰狞之日宪兵两名，持枪岸立，然诚出余意料之外。当时林不化装，余随之，俨然为一随从，日兵先搜余身，见有兴发祥名片一张，鸦片一盒，别无长物，认我为黑籍中人，另眼相看，挥手令去。再搜林君，取去港币廿元，亦准通过。凡行人经过者，多数乐于纳贿，以免留难，闻其日中收入，为数不菲也。余当时一若漏网之鱼，倏然急与林君下舟而逃。余幸于此日行耳，次日，倭寇为搜索所欲捕得之人，即一律禁止出口，此诚不幸中之大幸也。船驶未远，又遇倭寇小轮，被搜查，幸亦无事。至中途，忽遇一快艇，上载盗七人，图截劫，船夫令吾等勿声张，拉足帆桲急驶，船去如箭，贼睹状追之不及，亦不开枪，惟望洋兴叹而已。下午二时抵大澳，香港盐公司有办事处于此，店中办事三员，亦为林君所素识者，大澳本属于香港之岛屿，已有日兵一连驻守，彼时余虽未能脱离虎口，然比之蛰伏香港时，心情已较安宁矣。

在大澳住盐公司，市上海鲜充斥，余食指大动，日日入厨自事烹调，有人问林君曰："此何人欤？"林以新来厨役对。余为安全计，亦乐于以厨役自居。是时与林君商决，循盐公司运盐路线入中山，惟静待一星期始有船，当时海面不靖，约联合三舟同行。林为人极精细，一切稍涉违禁物品，一概弃置不运，办事人中有欲介绍某乡人某附舟返里，乃顺德人，在港曾充教授者，携妻一，前亦执教鞭于某校，生一子仅十二天，林以舟小人多为辞，未允所请。余睹状，心为恻然，对林云："同是逃难同胞，抑何拒之之甚耶。"林云："再加彼等，汝卧处亦将发生问题矣。"余谓："此时岂是求安适时耶？"林不得已许之。十七日下午三时启碇，倭寇检查船来检查，其两船无女眷者，皆准许放行，检查至船，见有妇人在，凝视良久，随曰："此姑娘殊不恶。"余船遂被扣留，并说明天始准放行，如不遵令，永不准汝等离大澳云云。林此时颇怪余，且谓产妇污秬，招此灾厄，为意中之事也。目睹两舟联翩行，吾舟独留，余心亦为忐忑不安。林据理与日人力争，谓留难实无理由，继之日人非理可喻，复谓妇人产子仅数日，留之无异获石田，慎毋作耕耘想，日人熟思良久，始悟，卒许开船，此时比其他两舟约迟六十分钟矣。苟非产妇，虽有韩柳之笔，苏张之舌，恐无济于事矣。惟时值寒冬，西北风颇大，浪涌如山，船轻小无货，危险殊甚，余在此一小时内，吐呕数次，其苦不堪言状。船刚出口，东南风大作，严冬遇此，可谓奇事，于十七日下午四时张帆行，夜半十二时已抵中山县民众埠，昔日李青莲"朝辞白帝彩云间，千里江陵一日还"，想亦不过如是耳，是诚一快事也。民众为伪组织地区，因须觅人带路，故逗留四天，旋查知自大澳约同连驶之两船，已遭贼劫，无一到达，余以一念之善，竟免于大祸，岂冥冥中，固有主宰耶。廿一日乘小船经顺德大良，是夜宿舟中，翌日继向新会猪头山进发。猪头山乃为伪军所在地，由猪头山至自由区塘下，须经一颇为广阔之江湾，往往遇日舰，是亦危险境界也。船家与伪组织通，恒有暗示，凡见岭顶旗杆上披蓑衣者，则知无敌舰，否则有矣。时袁带已知余经此途，早派人前来暗访，林君以消息已泄，知之者，则不止袁带一人，若更迁延时间，则险象有不可思议者，故不暇计日舰之有无即冒险速渡，渡至半海，已发现日舰，距离约六七千密突，吾舟五撑齐发，如端午竞渡者然。吾意即使日舰追捕，未必能及，即发炮追击，亦未必能中也。正在危急逃避中，适有一小火轮通过，为日轮截搜，余舟乃得安然达彼岸。乃另雇一小艇赴塘下，塘下为自由区，至此，乃可谓得安然脱离虎穴矣。香港盐公司亦有办事处驻此，店中人为林君洗尘，并约该处士绅数人，约余与陪，席间谈及时事，有某人谓陈济棠已入广州播音，并有说已到南京播音者。余云据余所知，陈济棠确已到渝，彼等闻之皆大喜。余询以谣言实事，始知余在港备尝艰苦九死一生之日，正郑人相惊伯有流言四布之时，先烈瞿式耜有句云："九死自甘遑恤苦，千秋公论亦随缘。"不啻为余咏矣。余自塘下经鹤山、高明、白土，搭肇梧轮渡赴梧州，登轮渡后，向船中经租赁卧室，已得允许，惟适值饭时须稍候，林君绍荣乃导余入经理卧室，请稍坐以俟，以余衣服褴褛，经理已现不怡色，故彼于饭时，剧饮畅谈，一若已忘其事者，余久坐不能耐，但亦无可如何也。饭毕，船经理至，林乃急询之曰："承允卧室如何？"彼漫应之曰："无房。"林曰："汝公司总经理，皆为予所识，请勿见拒之甚也。"彼愤然曰："汝识他不识我，何用？"林曰："无论识与不识，经商目的，在求财而已，要钱多少，我可与你。"彼厉声应之曰："有钱不行，万金亦不行，汝奈我何，极其所至，不开船而已。"余至此，已如箭在弦上，不能再忍，乃询船中伙伴曰："船上有无军政人在？"伙伴答曰："有陈公侠军长在。"余曰："汝即往说陈济棠请他。"该经理闻言，面色骤大变，前倨后恭之态，判若两人，连连急呼开房不已。陈军长至，睹状大惊，以为有不测之变，急足返，令其驳壳队前来保护，知其误会，余乃述其所以，并云："余前在粤时，待商人如此厚，今也余为难民，其待我如是虐，尚得谓有人心耶，现余以中央委员之资格，处彼以虐待难民之罪如何。"公侠曰："应如何惩戒，请以见示。"余曰："罚彼金五百元，且用彼之名义捐助肇庆医院，以作善举，否则须禁监一月，二者任其择一可也。"经理在旁闻之，喜出望外，连呼曰："吾愿罚金。"

经德庆时，始敢不隐真姓名，舟中晤陈军长公侠，请其携电稿托邓总司令龙光拍发，将脱险经过呈报蒋总裁，及告知余长官、李主席。

但在历险时，凡所身历俱极艰苦，以致百病丛生，沙眼、咳嗽、香港脚、皮肤病，且胃病复发，应有尽有。幸在港避难时，无论匿居何所，每日上下午必绕室步行数千步，故跋涉尚能支持，因是决心取道岑溪、罗定、信宜暂到茂名休养，一面探听内子等消息，至储良坡内兄冠儒家，数日即接树坤儿妇携扶继祖母及诸孙抵广州湾之信，当即指示伊返防城乡居，历时十日度，即接江茂森君自河源来电，知内子潄英，已率子女至河源，乃在茂名候之，伊等经老隆、韶关、桂林、柳州，沿途得故友照料，经时一月，始抵储良坡，余郊迎之时，见伊等携扶而来，斯时也，余涕泪沾襟，欢情若狂，所谓悲喜交集，心头上不知其为酸为甜为苦为辣矣！旋成律诗一首云："亚洲遍地举烽烟，倭寇鲸吞势焰天。亲爱家人栖异地，流离群众哭连年。

香岛别妻伤肺腑，鉴江聚首话团圆。幸叨祖泽源流远，夫妇同征锡福全。"入室之后，互道所经艰阻，始知内子寄伍梯云夫人家时，宅边为飞机炸弹所中，墙向外坍，幸免于难，后各自奔走，乏人照料，乃力疾徒步走坚道胡展堂夫人家，由阿梅使妹扶行，佩馨女及幼子得宁随之，暂在胡宅避难。数日后，复遭日兵搜索，乃遁入厨房破柴，伪作女仆，得免日兵骚扰。其余孩子在孙君家哲处，蒙其视如子侄，照料极为周全。惟日兵仍探搜不已，历时约廿余日，且以不得余行踪消息，知不可在港久留，决心率子女离港，由何予珍雇保镖数人偕行，雇船直驶沙鱼涌，循东江入内地。于黑夜舟中，又遭贼洗劫一空，保镖一人死之，可谓迍邅极矣。携幼沿途乞食三日，夜宿禾稻中，幸有保镖陈某尚有良心，尽其所得二千元给之，勉强继续成行。行五日始抵河源，得余旧日袍泽救济，始能返抵茂名。内子久病体弱，其苦楚之状有甚于余，复遭匪劫，多增一次之虚惊，其艰苦更可想见。忆余在东山台与内子临别赠言嘱以人为重，不必以财物为念，不料竟成谶语矣！余在兴发祥号时，判断澳门过一二月后，必有船开行广州湾，曾书一片及各项注意点，托一友人交江茂森君云："内子等将来应循澳门、广州湾入自由区"，并嘱某一友人早日代送诸孩子到澳门候船，而内子病后稍休养一二月，俟澳湾船便，即送返茂名，不意此托以友不忠实，均未到达，致内子等增加一次浩劫，亦一憾事也。然世界人类，遭此空前浩劫，死亡者枕藉，余家人口，竟获安全，此非上苍所佑，祖德所赐，曷克臻此，余岂敢复作他想，以困苦自忧耶！余经世五十年，至感得安乐富贵之友虽千百，共难患之友一二难能，如江森茂君、孙君家哲辈，庶可称在港患难之中，为余忠义友矣。余且感想当日非余返港，内子之生命，必于病在严重时，为杂乱之主张所误，非余在港，则诸孩子必不能过港避于冯强住宅之防空洞也，非内子素明大义，能贤相于余，则余亦无此次脱险也，非内子之心灵，于其久病余生，艰苦处理琐务，则港变之损失，更有如水洗也。故略述梗要于此，以存真相焉。本记成于歌乐山斋。惟沿途感念殊多，故附教言以结之："歌山高耸接云霄，斋舍书声似不遥。戎马廿年增感慨，三年施政付东潮。"

余在港时经托友人相机送家人至澳门，俟得间转赴广州湾返乡，当时若能照余定计划而行，家人自可减少磨折，岂不甚善。然天下事，不如意者十常八九。因内子念夫情切，以余离港后，久无消息，焦急不可言状，竟出厚资自雇保镖，买舟率幼小男直驶沙鱼涌，未抵岸时于黑夜遇海盗洗劫，财帛、衣物、被盖为之一空，内子病后之身，所遭若此，亦云苦矣。幸严冬不太寒，沿途乞薯充饥，夜则觅稻草取暖，冀免饥寒。最稚子女，以足弱不能行，乃取筐箩盛之直趋河源。时有保镖陈人者，其人颇侠义，悯家人所遇，以其身所有国币二千元尽赠内子，且嘱稍待，俾其返家再筹，是亦可谓善心人矣。惟内子以其家曾作绿林客，恐其存心叵测，深致疑虑，乃不待之而行。又中途有伪组织某汉奸某，见余小儿女慧秀可爱，欲买之，内子乃婉辞拒绝，彼认为不中抬举。忆唐代胡人安禄山破长安时，贵人公子，流离失所，杜工部睹状，心极不忍，乃作哀王孙诗以哀之，其中有句云："腰下宝玦青珊瑚，可怜王孙泣路隅。问之不肯道姓名，但道困苦乞为奴。"其境遇与今日比照，诚无所分别，所可分者，彼腰间尚有宝玦、珊瑚，犹摇尾乞怜求为人奴，此则无衣无食，犹不肯为人收买，可知古今人气节与民族精神，大相径庭，推其原因，实由国父数十年革命奋斗，所予民国者，其伟大诚不可思议矣。至河源已是自由区，及抵龙川，昔日相知绨袍之赠，盘食之赐，纷至沓来，至可感也。至是，可谓已免于饥寒之厄矣。所最奇者，未抵龙川前，天气奇暖，严冬遇此，亦云妙矣，至此忽复大寒，否则恐早为路旁冻骨矣！谓非祖德绵长，天公有意于其间，其又得耶！内子到河源时，已得余安抵茂名消息，即沿途不稍留，直经韶关、桂林、柳州返乡与余会面。

（原载一九六九年三月一日出版之《传记文学》第十四卷第三期）

东北军事史略

王铁汉　著

张　序

　　昔曾文正公练湘军，李文忠公练淮军，皆以地方团练，扩展为国家军队，效命朝廷。张大元帅作霖初为毅军哨长，以甲午、庚子之乱，为保卫家乡，遂本此义倡办团练。由巡防营扩展为奉军，再扩展为东北军，继承北政府而为安国军。嗣东北易帜及奉命入关，促成国家统一，纳入中央军编制，对日备战，此东北军统之始末也。治中国近代史者对此项史料之搜集，每感疏漏。胡适之先生曾趣作者勉尽心力，补此缺憾。

　　九一八事变震惊世界，遗害中国，其政治、外交关系，超过军事，故于本书列入附录中，以飨读者。又蒋公重视东北形势险要，全面抗战亦以收复东北领土主权为目的，关切东北军事，常有垂询指示，亦于附录中，追述其概要。

　　铁汉先生统军疆场，参与帏幄，亦曾主政辽宁，因能举陈事实，著为《东北军事史略》，其为东北军之传述，亦有助于中国近代史也。兹当续刊，特为之序。

辽阳 张式纶

一九八一年九月十八日于台北

序

　　本书系由正文及附录两篇所组成，除附录之自述外，均在《传记文学》发表过。

　　东北一隅之军政经纬，关系国家极为深远，散见之记载，或有疏漏，民间传说，易滋附会，而难明真相。本书正文，全是史实，无溢词，无饰词，亦无评论。附录乃是个人之回忆，避当事之嫌，语少白辩，而实具有警惕、忏悔之赤忱。

　　本书如果有益于近代史实之研究，则是刘绍唐先生编列为传记文学丛书之一的功劳也。

　　　　　　　　　　一九七一年十二月十八日

　　　　　　　　　　王铁汉 于台北

第一、张作霖掌握东北军政权的经过

　　张作霖先生掌握东北军、政权的经过，是张作相先生于民国三十七年八月九日在沈阳，及万福麟先生于一九五○年十二月二十日在台北，分别口述，由笔者记录。张先生在民国十三年任吉林督军，万先生也在民国十七年任黑龙江督办。其所述均为亲身经历的事实，间有饶有趣味而未为世人所尽知者，颇富历史价值，乃将原稿整理发表，或有裨于近代史实的研讨。

一、初年时期经历概要

　　张作霖字雨亭，光绪元年（乙亥，西元一八七五年）生于辽宁省之海城县。先世为河北巨族，清道光朝，始迁辽宁。年未冠即投入毅军马队管带赵得胜部下当兵，以其精明强悍，且善骑射，得擢为哨长（排长），参加中日甲午之战。战后，毅军撤回关内，张也离开毅军。

　　甲午之战，清军溃败，枪械遗落民间不少，因之造成大批土匪，骚扰乡里。民间遂亦起而自卫，纷纷组织乡团。张乘机率同张作相、汤玉麟等二十四人，在桑林子（台安县北三十里），组成乡团。不久，张将八角台（现台安县址）张景惠所率领兵匪部分之乡团收服，得二十余人，就在八角台另行成立保卫团。维持治安，甚为认真，如某人经匪绑架，某家骡马被匪偷窃，均须负责找回或赔偿，地方人民，深为信赖，故对张所领导之保卫团，有"保险队"之称。尔后，又杀巨凶杜天义，擒盗魁海沙子，名闻遐迩，地方得以安定。张部在此刻已近二百人。

等到庚子（光绪二十六年，一九〇〇年），拳匪乱起，俄寇入侵东北，奸杀抢掠，无所不为。张即利用人民自卫卫乡的心理，编成"义勇队"，有人枪四百余（有说日军曾接济枪弹），在新民、台安、黑山县一带，对俄军展开游击战，颇予俄军以损伤和威胁。

庚子之乱以后，地方秩序破坏，清廷为安定地方，分令各府、县，凡是辖境内的游杂团队及大小股土匪，肯弃暗投明者，一概不咎既往，收编为正式防军。这时，张部实力最强，纪律最好，人枪已扩充至七百余，遂于光绪二十九年（一九〇三）经新民知府增韫编为新民巡防营，张任管带（营长），张作相、张景惠、汤玉麟等分任哨官（连长）。

光绪三十年（一九〇四），日俄开战，土匪蜂起，张率部剿抚大小股匪，绥靖地方，极有功绩。于翌年由总办奉天巡防事务张锡銮，呈请盛京将军赵尔巽擢为五营巡防统领，自新民移驻辽源。又以歼灭蒙匪六十三牙仟及击溃陶什陶之功，在宣统元年（一九〇八），张升为奉天前路巡防统领，辖步、骑七营，驻防洮南府。

辛亥革命，张率所部自洮南进驻沈阳，当时东三省总督赵尔巽并命张兼任奉天中路巡防统领。张既为中、前两路巡防统领，事实上已成为巡防军的首领。也从此建立了掌握东北政权的基础。

二、取得地方军领导地位

辛亥革命前夕，东三省军事态势：新军，陆军第三镇驻防长春、永吉一带，统制为曹锟（协统卢永祥代理）。吴佩孚就是第三镇中的营长。第二十镇驻防新民、锦州两府，统制为张绍曾。冯玉祥为二十镇第八十标第三营营长。第二混成协驻在沈阳北大营，协统为蓝天蔚。地方军，名为巡防营，分为中、前、左、右、后五路，共约四十营。中路巡防驻沈阳、铁岭附近，统领刘某。前路巡防驻洮南府，统领为张作霖（张作相先生在前路任营长）。左路巡防驻彰武、黑山地区，统领为冯德麟。右路巡防驻东边道，统领为马龙潭。后路巡防驻辽源、通辽一带，统领为吴俊升（万福麟先生在后路任营长）。

这时清廷已改任赵尔巽继锡良为东三省总督。

辛亥八月十九日，武昌首义，各省纷纷响应，东三省也激起了波动。在新军，以第二混成协协统蓝天蔚为首，策动反正。在地方，以奉天省咨议局议长吴景濂为首，也酝酿独立。赵尔巽总督觉得新军不稳，自己责任重大，决定利用和他有渊源的地方军，来牵制新军及镇压咨议局，以维持清廷统治。乃密调后路巡防统领吴俊升率所部开沈阳，加强拱卫，防止革命。

事被前路巡防驻沈阳办事处长张惠临所知，当即使用最迅速的方法，密报张统领。张得报后，立刻离开洮南来沈阳，并命令所辖步兵和骑兵共七个营，星夜急行军，向沈阳开拔。洮南在辽源的北方，张本人于八月二十三日早通过辽源，为吴俊升所悉，当率万营长等出郊欢迎。张氏既没有停留，也没有透露任何消息，仅说沈阳家中有一点小事，要回去料理一下；请张氏早餐，亦被谢绝。至中午张部骑兵第一营（营长张作相）通过辽源时，吴统领尚茫然不知何事。迨张部完全开抵沈阳附近，吴统领才接到赵总督调他入卫的命令。张氏到达沈阳，即刻晋谒赵总督报告："因局势紧张，唯恐总督陷于危境，迫不及待，率兵勤王。如总督认为未奉命令，擅自行动，甘愿接受惩处"云云。赵尔巽迫于紧张情势，只好默认事实，面加奖励，并补发调防命令。过两天索兴把驻防沈阳、铁岭一带的中路巡防统领刘德昌调职，派张氏兼任中路巡防统领。此时，张氏以前路兼统中路，兵力约在十五个营以上，事实上已成为地方军的首领。在这个期间，张氏在赵尔巽心存观望，口说保境安民的意图下，解决两大问题。一为制服新军，接受保境安民的主张[注一]。一为镇压咨议局，赞同不发独立宣言的意见[注二]。由于这两场精彩的表演，帮助赵总督渡过了二道难关。但张氏也建立了掌握东三省军、政权的基础。就张氏个人而言，是一种成功，而这种个人成功，完全出于头脑机警，看清赵尔巽总督的需要，及个人决心坚定，行动迅速所致。

[注一]赵尔巽总督，感觉局势紧张，即于辛亥九月一日，在沈阳召集新旧军将领会议，讨论应付局势的方针和东三省应持的态度。当时被邀的，新军将领则有第二混成协、第三镇、第二十镇的统制、协统、各镇参谋长。旧军将领则为五路巡防统领。在正式会议之前，新旧军将领均分别开预备会议，讨论在会中所持的态度。新军将领张绍曾、蓝天蔚、卢代统制等，商议结果，主张东三省宣布独立。旧军将领由张统领召集会议，决定一致拥护赵尔巽总督保境安民，暂持观望态度的主张，并作对付新军的部署。

当日下午四时，正式宣布开会，赵总督首先起立说："武汉叛乱，朝廷正派大军剿办，不久即可枚平。东三省为皇上老家，我们必须拥戴朝廷，不受叛乱影响，以固国本。"接着说："这时我们东三省最好不动声色，不表示态度，见机行事。武汉果然成功，我们再响应，那时少不得有我们的份；若是失败了，那时我们并没有表示，自然也没有我们的事。这是我的意见，大家是否赞同，请发表意见。"

总督说完了，参加会议的将领，面面相觑，没有一个人发言。

总督又说："现在朝廷还没有旨谕下来，我们的要务是保境安民四个字，抱定这个宗旨，无论是谁来，我们也堂堂正正拿得出去，地方百姓安居乐业，就是我们的一大功劳。"稍停又说："我们今天应当郑重的表决一下，谁赞成我的意见，就请举手。"

当时张统领一入会场，手中就拿着两个圆状类似炸弹的毛巾包。总督刚说完，张统领首先举手赞成，其他四路统领，也随着举手。可是新军这边各镇统领、协统、参谋长，依然默不作声，动也不动。

总督一看会场里的情形，觉得不好收场，于是又说："诸位都还年轻，遇事总不免容易冲动，我比各位年长几岁，什么事都经过了，能听我的话，大家不会吃亏的。有什么困难，各位尽管说出来。"会场还是一片寂静。

正当局面尴尬的时候，张统领起立发言："总督劝告诸位保境安民，暂不表示态度，苦口婆心，可谓仁至义尽。大家如果不接受总督的好意，举手赞成，我们今天在这屋子里的人，只有同归于尽，谁也别想逃出。"说完坐下，双手握着那个毛巾包。

赵总督乘机又说："各位听我的准保没有错，也许我上了年纪，话没有说清楚，大家没听明白。现在我再说一遍。"于是又把上面的话，重说一次。接着又付表决。

这次新军将领中卢协统首先举手，大家也相继随着举手赞成。赵尔巽总督欣喜的说："这是全体通过了，大家总算给我一个老面子。"会议即告结束。

会议完了，蓝天蔚将卢协统的袖子抓住说："你这个家伙，在外头我们怎么说的，说完了不算，到里面又举手。"卢脸红耳赤的反驳说："老兄，有命才能革命，张某那两颗炸弹，你难道没有看见？若是放响了，我们还能有命吗？好汉不吃眼前亏，我是救了大家。而且我的手是举到耳朵根，只算一半赞成，一半反对，你们不看清楚，糊里糊涂就随着把手全举起来，谁叫你们举起来？怎能怪我呢？"大家抱怨了一阵，也就散了。

[注二]新军独立的一波方平，民党独立的一波又起。奉天咨议局议长吴景濂，于九月二十二日，用"保安会准备会议"名义，召集开会，拟于会中宣布独立。当请赵尔巽总督出席，赵即和张统领商讨对策。张氏以地方军首领身份也被邀出席，并秘密布置，分派某军官应付某议员。赵总督偕张统领于下午二时到咨议局，吴议长即宣布开会，吴说："我们为了响应武汉革命，应即成立奉天国民保安会，推请总督为会长，宣言脱离清廷独立。"说完了之后，就请总督在拟好的独立宣言上盖章。赵督听罢，张皇的说："你们若是搞自治，还可商量，独立就是造反，那怎可以？请你们另选会长吧！我实在不敢当。"吴议长接着说："革命在推翻满清，不能讲条件，不能打折扣，为革命我吴景濂是不计生死的。"这时张统领面对吴议长而坐。吴话说至此，张氏即抽出手枪向桌上一拍说："我张作霖有人就有枪，有枪就有人，只要是对地方有利的事，我张某是天不怕地不怕的，今天我们一定得尊重总督的意见……"吴景濂在张氏的话尚未说完，便吓得从椅子上溜到地下，一言不发。其他议员看到议长这样颓垂，又发觉周围所坐的便衣军官怀中都带有手枪，就赞成赵总督的意见，不发表独立宣言，仅把黄龙旗降下，改升黄色旗。原来预定在旗上所写"光复"两字，也改为"奉天国民保安会"字样，成为会旗。赵尔巽即在张统领护卫之下，就了会长，并通电吉林、黑龙江两省分别成立吉、黑"国民保安会"。这时东三省政权仍在赵尔巽手中，代表清廷行使统

治。东三省清廷的老家，也就这样革命了。但辛亥九月二十二日，总不能不数为东三省革命的宝贵纪念日。

三、由师长继段芝贵为奉天督军兼省长

赵尔巽总督于民国元年九月将奉天中、前两路巡防改编为陆军第二十七师，任命张作霖为师长，驻防沈阳附近。并以左路巡防为主编成陆军第二十八师，任命冯德麟为师长，驻防北镇、锦州一带。右路巡防仍旧。再由后路巡防抽出一部编为陆军骑兵第二旅，任命吴俊升兼旅长，驻辽源地区。

不久赵尔巽去职，张锡銮为奉天军务督理，对各部颇表爱护，各都对张督军也知服从。尤以张、冯两师长，在张锡銮总办奉天巡防事务任内，曾受其知遇，故事之尚为恭顺。

迨袁世凯密谋称帝，于民国四年八月，特派段芝贵继张锡銮为奉天军务督理。段急欲对各部加以控制，各部因之对段大起反感，当暗中推举张师长为首，与段抗衡。张氏一面拥护袁世凯，且表示愿率军供其驱策，一面继续与段为难。段既发觉张氏不愿受其节制，亦乘机向袁建议，将计就计，速调张氏率部离开奉天。袁乃下令调第二十七师开湖南，张即向段请械索饷，准备出发，而地方团体，又以治安为由，电京请予留防沈阳，袁为迁就事实又允之。这样一来，段之阴谋，当被张氏所悉，彼此遂益不相容。

段芝贵为民国四年九月，十四省将军密请袁世凯速正帝位中活动最力的一人，也是武人向袁称"臣"的第一名，四年十二月二十一日袁大封爵位，段封一等"公"。张、冯两师长和吴统领认为他们做了段芝贵称"臣"封"公"的资本，非常愤慨，便一同到督署见段，在庆贺其封"公"中，却揶揄的说："洪宪皇帝要登基了，大帅是开国元勋，总得进京参加登基大典吧。"段为了称"臣"封"公"冲昏了头脑，以致对他们的冷讥热嘲，仍然是莫明其妙。

到了袁世凯帝制渐为各方所反对，张氏乃扬言奉天将宣布独立，一以吓段，促其自动离去，一以示意于袁，欲取段而代之。段芝贵在此刻才觉得事态的严重，为求转圜，许张氏以绥远都统，张亦未加理会。段不得已，只有自请辞职，于五年四月十九日从沈阳狼狈回京，并携走督署历任节余之款几十万元。袁世凯为安抚笼络计，即于民国五年四月特派张氏为奉天军务督理兼省长。当年奉天为东三省首省，吉、黑两省在军事、政治、经济上，实唯奉天马首是瞻。张氏既受任奉天督军，实际上便成为奉、吉、黑的领袖了。

四、统一奉吉黑军政，做了东三省巡阅使

张氏升任奉天督军，仍兼陆军第二十七师师长。第二十七师辖第五十三旅，汤玉麟为旅长；第五十四旅，孙烈臣为旅

长。汤粗卤，孙精致，所以第二十七师事务，则多由孙烈臣主持。

汤部第五十三旅驻沈阳城郊，由于军纪问题，常和奉天省警务处长王永江发生纠纷。王素为张氏所激赏，奉张命关于第二十七师军纪情事，多有报告，而招致该师团、营长的不满。张氏略有所闻，于民国六年二月，授意王宴请第二十七师旅、团、营长，而竟被托辞谢绝。张氏知之，颇不谓然，召集部下，大加申斥，因之形成对王永江的更不谅解。

但张氏始终支持王永江，且嘱孙烈臣整饬第二十七师军风纪。汤认张氏既袒王，又提拔孙，将来第二十七师长已与己无分，遂表示反抗，并联络团、营长，酝酿叛变。惟若干团、营长认为反王则可，叛变不可。汤知闯祸，匆卒间于二月十五日率二百余人向新民县逃走。张氏当即派第二十七师炮兵团长张作相率骑兵追击。汤前张后，追到新民时，不意陆军第二十八师第五十五旅旅长张海鹏竟率骑兵一营，已先在新民接应汤玉麟，汤在张海鹏掩护之下，逃往新立屯（第五十五旅旅部驻地）。张作相为避免惹起第二十七师和第二十八师正面冲突，即听任张海鹏将汤玉麟挟走，未曾截击。张督军亦不愿将事态扩大，汤玉麟事件即告结束。

袁世凯任命张氏督理奉天军务，另派第二十八师师长冯德麟为帮办，帮办可以升任督理，这是袁之权术，即扶置"两头"互相牵掣。张氏心知之，而颇坦然，冯则心有不甘，对张氏不免多所困扰。及汤玉麟事发，认为有机可乘，即派张海鹏策应，将范围扩大，复与后路巡防统领兼骑兵第二旅旅长吴俊升联络，意在利用汤变机会，里应外合，推倒督军。许吴于事成后，编为第二十九师；冯作督军，汤玉麟升为第二十七师师长，张海鹏升为第二十八师师长。但汤变旋即平复，吴亦未为所动。

张氏既知此全部计划，于汤逃走后，首先安定第二十七师，升孙烈臣为第二十七师师长，第五十三旅旅长以骑兵团长张景惠升充，第五十四旅旅长由张作相升充。其次，将后路巡防与骑兵第二旅改编为陆军第二十九师，任吴俊升为师长。第三，方开始瓦解第二十八师。有于冲汉者，与第二十八师第五十六旅旅长汲金纯（驻锦州），交称莫逆，汲在本师原不得意，张乃密派于往说之，汲表示愿意督军直接领导，遂被委为辽西剿匪司令。这时第二十八师实际上只剩张海鹏一个旅。

张氏部署既定，乃于民国六年五月底，调动第二十七、第二十九两师，向新立屯、北镇县（第二十八师师部驻地），取包围态势，接着就声言调换第二十八师师长及第五十五旅旅长。冯鉴于内部有变，又悚于两师威胁，正在彷徨，适张勋阴谋复辟，冯另谋出路，且得张氏同意，即于六月十九日率张海鹏等赴北京参加复辟运动。张氏乃免去其师旅长职务，而自兼陆军第二十八师师长，尔后由汲金纯升为师长，于是奉天军权统一。

张氏任奉天督军后，即乘黑龙江陆军第一师师长许兰洲，驱逐黑龙江督军毕桂芳的机会，于民国六年七月推荐鲍贵卿为黑龙江督军，张氏亦于民国七年九月升任东三省巡阅使。翌年七月，又压迫吉林督军孟恩远出走，调鲍贵卿为吉林督军，鲍所遗黑龙江督军，则以第二十七师师长孙烈臣升任。至此奉、吉、黑军政大权，完全归张氏掌握，而东三省统一矣。

张作霖先生气度恢宏，敢用人，肯信人，能容人。汤玉麟以后认罪，又派之为镇守使、旅长、师长，官至热河都统。冯德麟在复辟运动失败后，还是为之解脱，接回沈阳，并派充三陵都统。张海鹏经人疏解，也任之为旅长、师长。朱庆澜，清廉有政声，离开黑龙江之后，仍被请回，任为东省特别区（哈尔滨）行政长官。那种风谊，颇为那个时代的人所景仰。

第二、东北军的原始

五、新旧军之并立

清光绪三十三年（一九○七），徐世昌为东三省总督，始将新军（中央军）第二十镇（统制张绍曾）调驻锦州、新民，第二混成协（协统蓝天蔚），驻沈阳北大营，第三镇（统制曹锟）驻长春，第二十三镇（统制孟恩远）驻永吉，第一混成协（协统朱庆澜），驻黑龙江。

辛亥革命以后，第三镇、第二十镇、第二混成协，即先后调回关内。

奉天旧军（地方军），有巡防营三十二营，吉林有巡防营十五营，黑龙江有巡防营十二营。奉天巡防分中、前、左、右、后五路，辛亥革命时，张作霖为中、前两路巡防统领，冯德麟、马龙潭、吴俊升为左、右、后各路巡防统领。

东三省总督赵尔巽，曾利用旧军压制新军之响应武昌起义。

六、旧军之蜕变

民国元年九月将奉天中、前两路巡防改编为陆军第二十七师，以张作霖为师长；左路巡防改编为陆军第二十八师，以冯德麟为师长；并由后路抽出一部，编为陆军骑兵第二旅，以吴俊升为旅长，仍兼后路巡防统领；右路巡防未变。

吉林驻军第二十三镇，亦于元年十月改称为陆军第二十三师，仍由孟恩远为师长；二年一月将吉林巡防营改编为吉林陆军第一混成旅，以裴其勋为旅长；四年七月将第二十三师改为吉林陆军第二、第三两混成旅，以高士傧、徐世扬为旅长。并增设吉长、延珲、宁阿三镇守使，由裴其勋、高士傧、徐世扬分别兼任镇守使。

驻黑龙江之第一混成协，于元年十月改称为陆军第一混成旅，朱庆澜为旅长；三年七月就原有军队与巡防营改编为黑龙江陆军第一师，以许兰洲为师长，另编成陆军骑兵第四旅，以英顺为旅长。

民国元年七月，东三省都督赵尔巽改任奉天都督（不兼辖吉、黑两省），十一月，赵尔巽辞职，张锡銮为奉天都督。二年六月，吉林都督陈昭常辞职，张锡銮兼任吉林都督，孟恩远为吉林护军使。元年二月，黑龙江都督宋小濂辞职，由周树模继任；二年七月，周树模辞职，毕桂芳护理黑龙江都督；十月，朱庆澜为黑龙江护军使。

民国三年六月，令裁撤各省都督，设将军诸名号，以张锡銮为镇安上将军，督理奉天军务，兼节制吉、黑两省军务。孟恩远为镇安左将军，督理吉林军务。朱庆澜为镇安右将军，督理黑龙江军务。

第三、东北军的兴起

七、人事之升腾

　　民国四年，袁世凯密谋称帝，乃于四年八月任段芝贵督理奉天军务，兼节制吉、黑两省军务。迨云南起义，段芝贵被迫离职，袁世凯任张作霖为盛武将军，督理奉天军务，以冯德麟帮办军务。五年五月黑龙江军务督理朱庆澜，受许兰洲威迫去职，任毕桂芳督理黑龙江军务。五年六月袁殂，黎元洪任总统，七月令改各省督理为督军，发表张作霖、孟恩远、毕桂芳为奉天、吉林、黑龙江督军，六年六月黑龙江军务帮办兼师长许兰洲，逼走毕桂芳，自任督军，而英顺、巴英额两旅长，又通电攻击许兰洲，不承认为督军。张作霖遂乘机于七年七月推荐鲍贵卿为黑龙江督军，许兰洲也离开黑龙江。鲍将黑省军队改编为黑龙江陆军第一、第二两混成旅，由李庆禄、张明九为旅长，另编成骑兵第一、第二两旅，而以袁庆恩、张奎武为旅长。

六年六月，冯德麟赴北京参加张勋复辟被免职，张作霖兼任陆军第二十八师师长。陆军第二十七师师长，则由该师第五十四旅旅长孙烈臣升充。六年八月，将骑兵第二旅与后路巡防合编为陆军第二十九师，以吴俊升为师长。六年十月，调察哈尔都统田中玉为吉林督军，而吉林军官通电留孟，又令孟恩远为吉林督军。六年十一月陆军第二十八师师长由该师第五十六旅旅长汲金纯升充。

鲍、孙、吴等均为张所培植提拔，孟恩远以抗命之故，亦联奉以自保，张作霖之权势，乃渐及于吉、黑两省。

八、东北军开始入关

七年二月张作霖接受徐树铮的意见，将北京政府自日本所购之军械（中、日军械借款）在秦皇岛截留，即增编奉天陆军第一、第二两混成旅，以阚朝玺、郑荣廷为旅长，又成立暂编奉天陆军第一师，以张景惠（第二十七师五十三旅旅长）为师长，邹芬、梁朝栋为第一、第二旅旅长，后又添编奉天陆军第五、第四两混成旅，以齐恩铭、蔡平本为旅长。旋即派奉天第一师及第一、第二两混成旅，进入关内。张自任奉军总司令，由徐树铮任副司令，杨宇霆为参谋长，助段祺瑞攻湖南援陕西。嗣以吴佩孚停战班师，张景惠之第一师，即调驻北京南苑。直皖战起，许兰洲之援陕奉军，也调回天津。

徐树铮联张拥段，其秘密条件，为排除冯国璋，推段祺瑞为总统，张作霖为副总统，徐树铮为国务总理。至七年九月徐树铮假奉军名义，请领军费，成立军队，专擅跋扈，张颇不为然，即将徐树铮、杨宇霆同时免职，以孙烈臣为副司令，八年七月孙任黑龙江督军，由张景惠任副司令。

九、张作霖统一东三省

七年五月中日共同防敌军事协定，在东京签约，拟出兵西伯利亚，吉、黑两省即乘机增编军队，七年六月吉林增编吉林陆军第四混成旅，调陶祥贵为旅长，十月又增编吉林暂编陆军第一师，以高士傧为师长。七年三月黑龙江成立陆军第十九混成旅，鲍贵卿自兼旅长，后改由张焕相任旅长，保护中东铁路。七年九月张作霖为东三省巡阅使。八年七月中日兵冲突于吉林之二道沟，政府从张作霖之请，调鲍贵卿代孟恩远为吉林督军，而以第二十七师师长孙烈臣为黑龙江督军。第二十七师师长，则由该师第五十四旅旅长张作相升充，吉林暂编陆军第一师师长高士傧因拥孟拒鲍被免职，乃将吉林第一师并编为吉林陆军第六混成旅，调陆军第二十八师第五十六旅旅长郭瀛洲为旅长。十年三月鲍贵卿辞职，孙烈臣调任吉林督军兼省长，第二十九师师长吴俊升升任黑龙江督军兼省长。至此，东三省军政大权，均入张氏掌握，东三省军政统一矣。

第四、东北军的发展

十、东北军之扩充

民国九年直皖之战，直军得奉军援助，始转败为胜。战事终结，奉天即增编第六、第七两混成旅，以鲍德山、李景林为旅长，同时将卫队旅改为奉天第三混成旅，仍由张学良任旅长。十年五月张作霖兼蒙疆经略使，节制热河、察哈尔、绥远各都统，计划征蒙，东三省乃借此增编军队：奉天添设第八、第九、第十，三个混成旅，以郭松龄、牛永福、赵恩臻为旅长，复将右路巡防改编为第十一混成旅，由汤玉麟任旅长。吉林添编第五、第七两混成旅，蔡永镇、李桂林分任旅长。黑龙江添编第三、第四混成旅，巴英额、张海鹏为旅长。九年九月张景惠任察哈尔都统，仍兼暂编奉天陆军第一师师长，另以第一师旅长邹芬代王廷桢为陆军第十六师师长，陈锡武为察哈尔骑兵第一旅旅长。十年九月汲金纯为热河都统,率第二十八师进驻承德。于是东北军地盘奄有东三省及热、察两特别区,拥有五个师,二十三个混成旅,三个骑兵旅。在北方与北洋直系成对峙之两大势力。

民国十年底东北兵力番号驻地如下:

番　　　　　　　　　号	主　官	驻　地	备　　考
陆　军　第　十　六　师	邹　芬	北　京	(辖步兵两旅,骑、炮兵各一团,工、辎各一营)
第　三　十　一　旅	关中和	西　苑	
第　三　十　二　旅	缪承良	西　苑	
陆　军　第　二　十　七　师	张作相	沈　阳	
第　五　十　三　旅	赵明德	沈　阳	同上
第　五　十　四　旅	李振声	沈　阳	
陆　军　第　二　十　八　师	汲金纯	承　德	
第　五　十　五　旅	杨德生	凌　源	同上
第　五　十　六　旅	张作涛	承　德	
陆　军　第　二　十　九　师	吴俊升	黑龙江	
第　五　十　七　旅	万福麟	满洲里	同上
第　五　十　八　旅	石得山	绥芬河	
陆　军　第　十　九　混　成　旅	张焕相	哈尔滨	
暂编奉天陆军第一师	张景惠	北　京	同第二十七师
第　　一　　旅	刘香九	南　苑	
第　　二　　旅	梁朝栋	南　苑	

番　　　　　　　　号	主　官	驻　　地	备　　考
暂编奉天陆军第一混成旅	阚朝玺	辽　源	
暂编奉天陆军第二混成旅	郑荣廷	北　京	
暂编奉天陆军第三混成旅	张学良	沈　阳	
暂编奉天陆军第四混成旅	蔡平本	锦　州	
暂编奉天陆军第五混成旅	齐恩铭	山城镇	
暂编奉天陆军第六混成旅	鲍德山	廊　房	
暂编奉天陆军第七混成旅	李景林	天　津	
暂编奉天陆军第八混成旅	郭松龄	新　民	
暂编奉天陆军第九混成旅	牛永福	通　县	
暂编奉天陆军第十混成旅	赵恩臻	北　镇	
暂编奉天陆军第十一混成旅	汤玉麟	凤　城	
暂编吉林陆军第一混成旅	丁　超	长　春	
暂编吉林陆军第二混成旅	陈玉昆	依　兰	
暂编吉林陆军第三混成旅	于琛澂	永　吉	
暂编吉林陆军第四混成旅	杨遇春	五　常	
暂编吉林陆军第五混成旅	蔡永镇	宁　安	
暂编吉林陆军第六混成旅	郭瀛洲	哈尔滨	
暂编吉林陆军第七混成旅	李桂林	农　安	
暂编黑龙江陆军第一混成旅	李庆禄	海　伦	
暂编黑龙江陆军第二混成旅	张明九	海拉尔	
暂编黑龙江陆军第三混成旅	巴英额	黑　河	
暂编黑龙江陆军第四混成旅	张海鹏	讷　河	
黑龙江陆军骑兵第一旅	袁庆恩	达　安	
黑龙江陆军骑兵第二旅	张桂武	泰　来	
察哈尔陆军骑兵第一旅	陈锡武	多　伦	

十一、第一次直奉战争

直皖战后，直奉都在扩张权势，由于两湖与苏皖赣巡阅使的去来，豫、陕两督之调动，双方明争暗斗，忌怨已深，至十年底，梁士诒组阁，吴佩孚反对，张作霖支持，互不相让，遂激起直奉之战。而诱发直奉战争，则徐世昌总统欲拉张以铲除曹、吴，暗令奉军入关，并唆使进攻，实为导火线。张既决定对关内用兵，于十一年二月，又起任杨宇霆为东三省巡阅使署总参议。四月九日即下动员令，陆续派兵入关，号称镇威军（张为镇威上将军），张自任总司令，孙烈臣为副司令，杨宇霆为参谋长，总部进驻军粮城，分东西两路军，东路自津浦、京奉路之间，西路由北京沿京汉路，分别向直军进攻，四月二十一日起各路均发生战争，五月四日西路即被直军击溃。东路军以西路军之影响，亦向滦州撤退，旋即撤至山海关，以张学良、李景林为第一、第二路司令。两军在山海关几次激战之后，经英国传教士劝双方休战，奉以孙烈臣为代表，直以王承斌为代表，于六月十七日在秦皇岛英国军舰上签订和约八条，双方自十九日起撤退军队，终结战争。五月十七日免去张作霖东三省巡阅使及蒙疆经略使本兼各职。六月二十日东三省议会联合会亦推举张作霖为东三省保安总司令，孙烈臣为副司令。

第一次直奉战奉军指挥系统及战斗序列如下：

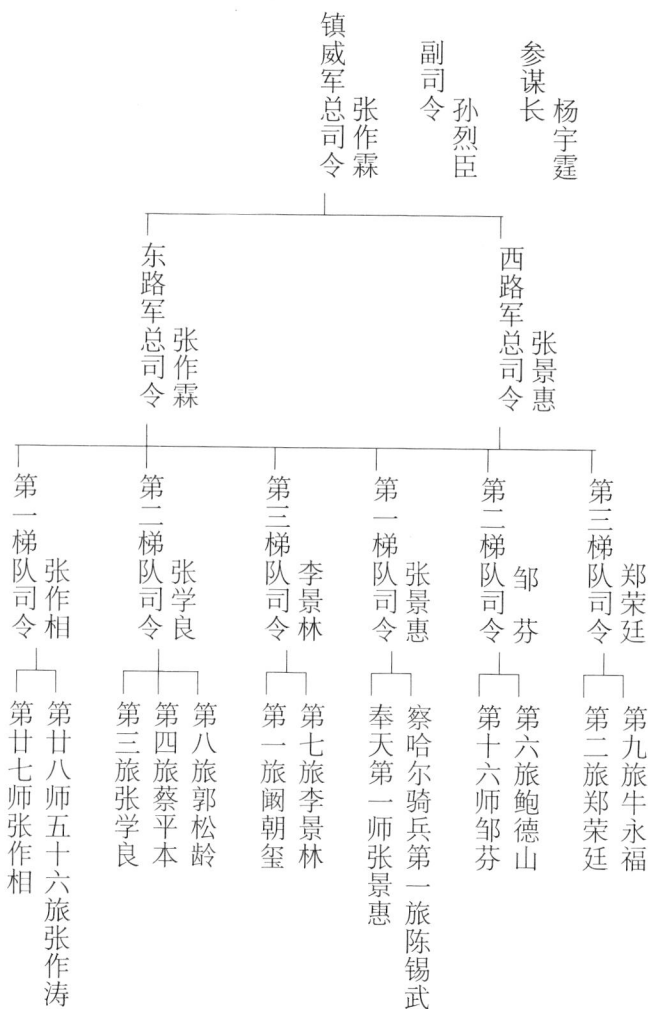

```
镇威军总司令 张作霖
副司令 孙烈臣
参谋长 杨宇霆
├─ 东路军总司令 张作霖
│   ├─ 第一梯队司令 张作相
│   │   ├─ 第廿八师五十六旅张作涛
│   │   └─ 第廿七师张作相
│   ├─ 第二梯队司令 张学良
│   │   ├─ 第三旅张学良
│   │   ├─ 第四旅蔡平本
│   │   └─ 第八旅郭松龄
│   └─ 第三梯队司令 李景林
│       ├─ 第一旅阚朝玺
│       └─ 第七旅李景林
└─ 西路军总司令 张景惠
    ├─ 第一梯队司令 张景惠
    │   ├─ 奉天第一师张景惠
    │   └─ 察哈尔骑兵第一旅陈锡武
    ├─ 第二梯队司令 邹芬
    │   ├─ 第十六师邹芬
    │   └─ 第六旅鲍德山
    └─ 第三梯队司令 郑荣廷
        ├─ 第二旅郑荣廷
        └─ 第九旅牛永福
```

十二、东北军之改革

十一年直奉之战，奉军战败，第十六师、暂编奉天第一师被直军击败缴械，第二、第六、第九混成旅溃不成军，第二十八师也撤出热河。张作霖由于作战经验，深知东北军官兵素质及训练，亟需加强。乃决心彻底改革，建立新制度，整饬旧将校，充实陆军讲武堂，培育新干部，重用新人，信任新人，以卧薪尝胆之精神，整军经武，而求雪战败之耻。其主要设施：

（一）整理陆军

成立东三省陆军整理处，派孙烈臣为统监，张作相、姜登选为副监，张学良为参谋长，负整编训练之责。张作相、吴俊升仍兼任师长，李景林则升任暂编奉天陆军第一师师长。将所有部队整编为东三省陆军二十七个旅，骑兵五个旅，每旅以三个团为标准，师属的旅，旅属的团，均用统一番号（例如二十七师所属为第五、第十九两旅，第三旅所属为二八、四四、五五等三团）。不按一般顺序排列。十三年四月吉林督军孙烈臣病故，由张作相升任，张学良为第二十七师师长。

整编后东三省陆军番号兵力驻地如下：

番　　　　　　　号	主　官	驻　　地	兵　　　力
陆 军 第 二 十 七 师	张学良	锦　　州	师辖步兵两旅，骑、炮兵各一团，工、辎各一营
陆 军 第 二 十 九 师	吴俊升	黑龙江	同右
暂编奉天陆军第一师	李景林	北　　镇	同右
东 三 省 陆 军 第 一 旅	阚朝玺	辽　　源	步兵三团
东 三 省 陆 军 第 二 旅	郭松龄	沈　　阳	步兵三团，炮兵一团
东 三 省 陆 军 第 三 旅	张宗昌	东　　丰	步兵三团
东 三 省 陆 军 第 四 旅	裴春生	兴　　城	步兵二团
东 三 省 陆 军 第 五 旅	于芷山	锦　　州	步兵二团，属二十七师
东 三 省 陆 军 第 六 旅	宋九龄	沈　　阳	步兵三团，炮兵一团
东 三 省 陆 军 第 七 旅	汤玉麟	凤　　城	步兵三团
东 三 省 陆 军 第 八 旅	丁　超	长　　春	步兵三团
东 三 省 陆 军 第 九 旅	陈玉昆	依　　兰	步兵二团，骑兵一团
东 三 省 陆 军 第 十 旅	于琛澂	永　　吉	步兵三团
东 三 省 陆 军 第 十 一 旅	巴英额	黑　　河	步兵二团
东 三 省 陆 军 第 十 二 旅	赵恩臻	新　　民	步兵三团
东 三 省 陆 军 第 十 三 旅	吉　兴	延　　吉	步兵三团
东 三 省 陆 军 第 十 四 旅	杨德生	彰　　武	步兵二团，骑兵一团
东 三 省 陆 军 第 十 五 旅	万福麟	满洲里	步兵二团，属二十九师

东三省陆军第十六旅	齐恩铭	绥　中	步兵二团
东三省陆军第十七旅	张明九	海拉尔	步兵二团，骑兵一团
东三省陆军第十八旅	张焕相	哈尔滨	步兵二团
东三省陆军第十九旅	高维岳	锦　州	步兵二团，属二十七师
东三省陆军第二十旅	杨遇春	农　安	步兵二团，骑兵一团
东三省陆军第二十一旅	李振声	宁　安	步兵二团，骑兵一团
东三省陆军第二十二旅	石得山	绥　芬	步兵二团，属二十九师
东三省陆军第二十三旅	李爽垲	北　镇	步兵二团，属第一师
东三省陆军第二十四旅	邢士廉	北　镇	步兵二团，属第一师
东三省陆军第二十五旅	蔡平本	山城镇	步兵三团
东三省陆军第二十六旅	李桂林	双　城	步兵二团
东三省陆军第二十七旅	温瓒玉	营　口	步兵二团
东三省陆军骑兵第一旅	穆　春	通　辽	骑兵二团
东三省陆军骑兵第二旅	彭金山	泰　来	骑兵二团
东三省陆军骑兵第三旅	苏麟锡	新立屯	骑兵二团
东三省陆军骑兵第四旅	李冠英	安　达	骑兵二团
东三省陆军骑兵第五旅	梁忠甲	海　伦	骑兵三团

（二）建立海空军

海军则成立东北航警处，派沈鸿烈为处长，在葫芦岛设立航警学校，训练干部，由沈氏总绾其事。因各国政府有限制售军舰与地方政府之禁例，乃向"政记公司"购得三千余吨之商船两艘，改装为军舰，命名为"镇海"、"威海"，继又购入俄国破冰船一艘，改装为军舰，命名为"定海"。东北海军遂蔚然成军，即任沈鸿烈为东北海军司令。第二次直奉战争，各舰均出动助战。后以渤海舰队内乱，沈氏运用手段，先将该队旗舰"海圻"诱至旅顺归入掌握，然后驾驶"海圻"赴青岛，将"海琛"、"肇和"两舰顺利接收。其他小型舰只，亦全部归入东北海军。旋又购入水上飞机数架，将"镇清"改装为小型航空母舰，海空配合，实力益增矣。

空军则重建东北航空处，由张学良为督办，设立航空学校，训练干部，并选青年二十八人分两次送法国航空学校受训。十三年初自国外购到各类型新式飞机一百二十余架，成立"飞虎"、"飞龙"、"飞鹰"、"飞豹"四个大队，编组成军，即任张学良兼东北空军司令。第二次直奉之战曾予直军以威胁。

（三）扩充兵工厂

奉天原有的兵工厂，仅能制造枪弹及手榴弹等。十一年夏即延揽兵工人才，积极扩充，内设总务、材料、工程各处，枪、炮、炮弹、弹药、硫酸、炼钢、造币等厂。至十三年其员工已超过六千人，每年可产制七五生的野炮二百门，十二、十五生的重炮一百门，每月可产制一三式步枪一千支，每一日夜可造步枪弹四十万发。规模之宏大，设备之完善，不只全国第一，即日本人亦为之侧目。

另设有迫击炮厂，每月可产制轻重迫击炮二百门。

十三、第二次直奉战争

十二年十月五日曹锟以重贿当选总统，粤、皖、奉三方曾有联合打倒曹、吴之议，奉方复利用郭松龄的关系，派盛世才为代表赴四川连结刘湘，以反抗直系。至十三年九月一日，江苏（齐燮元）浙江（卢永祥）战起，卢为皖系，张作霖于四日通电响应卢永祥，且声明奉天因受直军之压迫将开战，直奉两方即作军事行动。奉方仍名镇威军，张自任总司令，下辖第一、第二、第三、第四、第五、第六，共六个军。第一、第三为联军，对山海关方面，第二军在热河，第六军为骑兵，也用在热河，第四、第五两军为预备，控置在锦州、绥中一带。第二军李景林部于九月二十三日攻克朝阳，继续攻占凌源、建平等地。第六军许兰洲部亦于九月二十二日攻占开鲁，继续占领赤峰。直军在热河之王怀庆第十三师及毅军和龚汉治、张林等部队均被击溃，至十月七日热河方面战事，即告平息。第一、第三联军自十月八日攻克山海关、九门口后，双方经过几次主力决战，到十月二十日直军已彻底被击败。十月二十四日直军得到冯玉祥倒戈消息，军心益散，迨十月二十八日张宗昌部由冷口进占滦州，在山海关方面之直军即全由奉军缴械收编，战争遂告结束。曹锟被幽禁，吴佩孚自秦皇岛循海路退天津，再由天津经海路转退汉口。奉军可谓完全胜利。

第二次直奉战奉军指挥系统及战斗序列如下：

镇威军总司令 张作霖
参谋长 杨宇霆

- 第一军军长 姜登选　副军长 韩麟春
  - 第十九旅 高维岳
  - 第十六旅 齐恩铭
  - 第四旅 赵恩臻
  - 第二旅 裴春生
- 第二军军长 李景林　副军长 张宗昌
  - 第二十九旅 蔡平本
  - 第二十四旅 邢士廉
  - 第二十三旅 李爽垲
  - 第三旅 张宗昌
- 第三军军长 张学良　副军长 郭松龄
  - 骑兵第八旅 于芷山
  - 第二十七旅 温宗镕
  - 第六旅 宋九龄
  - 第二旅 郭松龄
- 第四军军长 张作相　副军长 汲金纯
  - 第二十六旅 李桂林
  - 第十四旅 杨德生
  - 第八旅 丁超
- 第五军军长 吴俊升　副军长 阚朝玺
  - 第十七旅 张明九
  - 第一旅 阚朝玺
- 第六军军长 许兰洲　副军长 吴光新
  - 骑兵第五旅 梁忠甲
  - 骑兵第三旅 苏锡麟
  - 骑兵第二旅 穆春

附：直军战斗序列：

直军副总司令　吴佩孚

第一军总司令　彭寿莘
　第二十四师　董政国
　第二十三师　王维城
　第十三混成旅　葛树屏
　第十二混成旅　杨清臣

毅军
第二军总司令　王怀庆
　第十四混成旅　时全胜
　第十三混成旅　冯玉荣

热河
　第一混成师　米振标

第三军总司令　冯玉祥
　第七混成旅　张之江
　第八混成旅　李鸣钟
　第二十五混成旅　宋哲元

援第四军总司令
　第二十混成师
　第二十二混成旅
　第二十四混成旅
陕军第二十六混成旅

张福来　潘鸿钧　阎治堂　靳云鹗　曹瑛　曹锳
张鹗堂　田治元　张钧标　张冶金

十四、直奉战后之政局

当十二年十月曹锟贿选成功，国父即谋联结段祺瑞、张作霖共同推倒直系，信使往还，络绎不绝（附国父与张函件），时论有粤、皖、奉三角同盟之说。至十三年十月直系溃散，冯玉祥班师回京，幽禁曹锟，由黄郛摄阁，段、张及冯玉祥先后电请国父北上，共商国是。国父于是年十一月十三日由广州起程，十七日抵上海，转道日本，于二十四日到神户；而段祺瑞迫不及待，竟于是日自津入京，宣布就任临时执政，黄郛通电解职，北方政局形势为之一变。十二月四日国父由神户乘轮抵天津，三十一日始扶病入京。国父驻节天津期间，曾与张作霖互相访晤，张学良也一再晋谒，段祺瑞仅派许世英代表慰问，根本无所谓"三角同盟者会于天津"之事，而且其时国父主张召开国民会议，段则主张召集善后会议，政见不同，无法一致，三角同盟势亦不能继续维持。

国父致张作霖商时局函

雨亭先生执事：精卫转到手教，恳挚无伦，自非神明契洽靡间，不获闻此说论。某氏之恶已昭著于国人，吾辈为国除患，知之当为切至，相期之殷，不敢不勉。来示谓借武力济和平之穷，极为扼要。……至尊见以协和回赣，组安回湘，乃与鄙意不谋而同，所以迟迟，徒以财政过绌，不能因应咸宜。协和回军之需，至少须五十万元，组安之需亦必得二十万元，乃克有济。此间自战事起后，救死扶伤，在在需款，仓卒乃无以应之。如公处此时能助此额，协、组皆可立发，他无所顾，不识尊意以为可行否。……吴贼造孽，已极其能事，天不助乱，我幸而获胜，此后万端待理，大局底定，更未知何日？我公高掌远跖，何以见教？万冀不遗，进而为具体之商榷，则公私之感，宁复有既。精卫初拟返粤报命，后以俄事及敌方紧急，乃电嘱其先复尊处，唯有以辱教之。此复，即颂勋祺。孙文。民国十二年五月三日。（《国父全书》八三七页）

国父致张作霖告讨贼军情并派叶恭绰前来面洽函

雨亭总司令大鉴：自去年陈炯明听吴佩孚嗾使叛乱于后方，致我北伐之师中道挫折，因而致奉天师旅亦不克扫荡燕云，擒斩国贼，良用为憾。失败而后，只身到沪，犹奋我赤手空拳与吴贼决斗。一年以来，屡蒙我公资助，得以收拾余烬，由闽回师，又得滇军赴义，川民逐吴，遂将国贼在西南之势力，陆续扑灭，而广州根本之地，得以复还，此皆公之大力所玉成也。惟自得广州之后，残破之余，元气一时难复，而财政之困，日以迫人，以致不能速于扫荡，竟使叛逆尚得负隅东江，为患至今。而吴佩孚、齐燮元近日济以大帮饷弹，逆贼得以倾巢来犯，旬日以来，石龙不守，广州危急，本月十八、十九两日，我军为背城之战，幸将士用命，将敌人主力完全击破，广州得转危为安。从此广州内部平定可期，而北伐计划亦可从此施行矣。故特派叶誉虎前来领教切一，并详报各情，到时幸赐接洽为盼。并候大安。孙文。民国十二年十一月二十五日（《国父全书》八四〇—八四一页）

十五、权势之伸张

十三年十二月十日，段执政令裁撤各省巡阅使，以张作霖自请解除东三省巡阅使，令嘉之。仍令张节制指挥东三省军政。并令张作霖督办奉天军务善后事宜，张作相、吴俊升督办吉林、黑龙江军务善后事宜。十一日发表李景林督办直隶军务善后事宜，阚朝玺为热河都统。十四年一月七日发表张作霖督办东北边防屯垦事宜。又以张宗昌为苏皖宣抚第一军军长，韩麟春为苏皖宣抚第二军军长（未成立），归苏皖宣抚使卢永祥指挥，进军江苏击败齐燮元后，于十四年一月发表张宗昌为苏皖鲁剿匪总司令，四月二十四日任张宗昌督办山东军务善后事宜，姜登选为苏皖鲁剿匪总司令。八月二十九日发表杨宇霆、姜登选督办江苏、安徽军务善后事宜。自战胜曹、吴，北起热河，南迄苏、皖，悉入东北军范围。

十六、实力之增长

奉军在十三年战后之增加，可分五部：一、为李景林部。李任直隶督办，除原属之暂编奉天陆军第一师外，同时增编直隶陆军第一、第二、第三、第四、第五混成旅，以王丕焕、马瑞云、张宪、胡毓坤、朱清益为旅长，原属第一师之邢士廉旅调江苏，又增添两个旅，后编为第十九师。二、为张宗昌部。张原为第三旅旅长，攻下凌源后，即升张为暂编奉天陆军第二师师长，至进入冷口占领滦州，收编直军为东北陆军第二十八、第二十九、第三十一、第三十二等四个旅及原有之第三旅，是时第二师直辖为五个旅。迨张宗昌自苏皖鲁剿匪总司令移督山东，复将驻山东之陆军第五师、第二十、第四十七混成旅及山东陆军第二、第四、第六等三个混成旅，收归己有。三、为张学良部。第一、第三联军攻下秦皇岛，降直军及热河降军共五万余，收编为六个旅，连原有部队，编为六个师及骑兵两师，炮兵两旅，特设京榆驻军司令，张学良为司令，郭松龄为副司令，司令部驻天津，部队则分布在京奉线东自锦州西至廊房。四、为在江苏之部队。张宗昌所属之王栋第三十一旅，归张指挥之蔡平本第二十五旅，邢士廉第二十四旅，仍留驻镇江、南京、上海。旋蔡旅扩编为第八师,邢旅扩编为第二十师,均归江苏督办杨宇霆指挥。五、为在东三省与热河之部队,亦略有增加。十四年五月将东北势力范围内之部队重作整理,编为二十个师,统称为东北军。

民国十四年东北军重作整理后之番号兵力如下:

番　　　　　　　　号	主　官	备　　　　　　考
东 北 陆 军 第 一 师	李 景 林	
第 二 十 三 旅	窦 联 芳	
第 四 十 旅	王 　 宾	
东 北 陆 军 第 二 师	张 宗 昌	
第 三 旅	褚 玉 璞	
第 二 十 八 旅	程 国 瑞	
第 二 十 九 旅	许 　 琨	
第 三 十 一 旅	王 　 栋	
第 三 十 二 旅	毕 庶 澄	
东 北 陆 军 第 三 师	阚 朝 玺	
第 一 旅	袁 永 朔	
第 四 十 一 旅	刘 山 胜	
东 北 陆 军 第 四 师	张 学 良	
第 十 九 旅	栾 云 奎	
第 二 十 七 旅	宋 九 龄	
东 北 陆 军 第 五 师	赵 恩 臻	
第 十 二 旅	孙 旭 昌	
第 三 十 三 旅	范 浦 江	
东 北 陆 军 第 六 师	郭 松 龄	
第 二 旅	刘 　 伟	

番　　　　　　　号	主　　官	备　　　　考
第 三 十 四 旅	陶 经 武	
东 北 陆 军 第 七 师	高 维 岳	
第 五 旅	刘 维 勇	
第 六 旅	刘 振 东	
东 北 陆 军 第 八 师	丁 喜 春	
第 二 十 五 旅	钱 忠 山	
第 三 十 五 旅	田 得 胜	
东 北 陆 军 第 九 师	汲 金 纯	
第 十 四 旅	杨 德 生	
第 三 十 六 旅	李 梦 庚	
东 北 陆 军 第 十 师	齐 恩 铭	
第 十 六 旅	温 瓒 玉	
第 三 十 七 旅	刘 连 瑞	
东 北 陆 军 第 十 一 师	汤 玉 麟	
第 七 旅	张 龙 文	
第 三 十 八 旅	孟 昭 田	
东 北 陆 军 第 十 二 师	裴 春 生	
第 四 旅	霁 云	
第 三 十 九 旅	朱 继 先	
东 北 陆 军 第 十 三 师	张 九 卿	
骑 兵 三 旅	萧 国 庆	
骑 兵 六 旅	武 汉 卿	
东 北 陆 军 第 十 四 师	穆 春	
骑 兵 第 一 旅	徐 永 和	
骑 兵 第 七 旅	王 永 清	
东 北 陆 军 第 十 五 师	张 作 相	

番　　　　　　号	主　官	备　　　　考
第　　十　　旅	张　作　舟	
第　二　十　六　旅	邢　占　清	
东 北 陆 军 第 十 六 师	于　琛　澂	
骑　兵　第　十　旅	赵　芷　香	
骑　兵　第　十　四　旅	杨　遇　春	
东 北 陆 军 第 十 七 师	万　福　麟	
骑　兵　第　四　旅	张　殿　九	
骑　兵　第　五　旅	马　占　山	
东 北 陆 军 第 十 八 师	吴　俊　升	
第　十　五　旅	梁　忠　甲	
第　二　十　二　旅	石　得　山	
东 北 陆 军 第 十 九 师	李　爽　垲	
第　四　十　二　旅	荣　　　臻	
第　四　十　三　旅	朱　同　勋	
东 北 陆 军 第 二 十 师	邢　士　廉	
第　二　十　四　旅	刘　翼　飞	
第　四　十　四　旅	赵　鸣　皋	
东 北 陆 军 第 八 旅	丁　　　超	以 下 为 不 属
第　　九　　旅	陈　玉　昆	于 师 之 部 队
第　十　三　旅	吉　　　兴	
第　十　七　旅	张　明　九	
第　十　八　旅	张　焕　相	
第　二　十　一　旅	李　振　声	
第　三　十　旅	齐　占　九	
东北陆军骑兵第二旅	彭　金　山	

续表

番　　　　　　　号	主　官	备　　　　　　考
东北陆军骑兵第八旅	于芷山	
东北陆军炮兵第一旅	邹作华	
东北陆军炮兵第二旅	魏益三	
东北陆军工兵团	柏桂林	
东北陆军辎重兵团	牛元峰	
东北空军司令	张学良	
东北海军司令	沈鸿烈	

第五、东北军的离合

十七、东北军分裂

东北势力范围，虽日趋庞大，但外则有李景林、张宗昌积极扩充实力，蓄意各成一系，自作主张，内则有学派新旧之分，相激相荡，暗潮时起。至郭松龄变作，李景林亦通电脱离奉天关系，并电劝张作霖下野，张宗昌则全军守卫山东而称直鲁联军。分裂之势已成，以前之整齐统一局面，则不存在。

十八、郭松龄倒戈

郭松龄由张学良之推许，始为张作霖所信任，东北军之精锐，均在张学良、郭松龄掌握，颇有举足轻重之势。杨宇霆、姜登选忌其宠，亦异其派系，遂与郭互谋倾轧，积不相容。当决定杨宇霆为江苏督办的前夕，李景林、郭松龄、张学良犹联合向张作霖具申意见：将张宗昌调江苏，李景林调山东，姜登选为安徽督办，而由张学良任直隶督办，以控制京辅，屏藩辽东。按其时局势，虽不失为有识见之建议，然实含有争夺权力之意图。至孙传芳袭击苏、皖，杨宇霆、姜登选弃职北上，张作霖重作军事部署，召郭松龄回沈会议时，郭已先联合冯玉祥，签订密约，继得李景林之赞助，乃于十四年十一月二十二日，在滦州电劝张作霖息战下野，以政权交张学良，并通电攻击杨宇霆，捕杀姜登选，班师出关，倒戈反张。同时将原有之第四、第五、第六、第七、第十、第十二师，炮兵第一、第二两旅，改编为五个军（原任师长赵恩臻、高维岳、齐恩铭、裴春生及旅长孙旭昌送交李景林看管），称东北国民军。郭自任总司令，派宋九龄为前敌总指挥，邹作华为参谋长，刘振东、刘伟、范浦江、霁云、魏益三为第一、第二、第三、第四、第五军军长。

十一月二十三日，郭军即沿京奉线进军，击败张作相、韩麟春、汲金纯、汤玉麟等部，在山海关、绥中、锦州、黑山等地之逐次抵抗，于十二月六日攻占锦州，二十一日攻占新民。张作霖则调集后方及吉、黑两省部队，派吴俊升为讨逆军总司令，兼右翼军司令，张作相为左翼军司令，张学良为前敌总指挥。十二月二十二日两军沿巨流河对战。所谓郭军原是张军，官兵对张学良有信仰、有感情，闻知张在前线，郭军战意消失，军心动摇，大部向张学良反正，且白旗堡被吴部骑兵袭击，后路截断，郭松龄遂完全失败，于二十三日换衣逃遁，二十四日经骑兵第七旅王永清部俘获，在解沈阳途中被枪决，失败之速，死事之惨，无出其右者。

同时，李景林因国民第二、第三军压迫，心有不安，复以许兰洲之疏解，乃改变态度，于十二月二日，释放郭松龄解津拘禁之奉军师旅长，并于张宗昌联络，组织直鲁联军，拒绝冯玉祥军假道援郭。此为郭松龄惨败之又一原因。

事变后，张作霖以罪只限郭松龄一人，仍用原有干部即日将部队改编完竣。唯魏益三所属步兵两团，炮兵一团，因远在山海关，则投向冯玉祥。

十九、东北军复合

东北军于十五年一月十七日攻克山海关后，即决定对冯玉祥作战，分向热河及滦州进攻，三月五日占领滦州，四月八日占领承德。直鲁联军闻奉军已得滦州，即进攻天津，于三月二十三日占领天津。冯玉祥下野，准备去俄国，国民一军由张之江统帅。张作霖于三月二十九日入关抵秦皇岛，召集李景林、张宗昌、张学良、韩麟春，会商作战计划，决定以褚玉璞为直隶督办、汤玉麟为热河都统，李景林、张宗昌、张学良、韩麟春为镇威军第一、第二、第三、第四方面军团军团长，分三路向北京进攻，四月十八日占领北京；冯玉祥向南口及张家口退却。李景林在此次变局中，二三其德，不见谅于各方，于十五年六月离职，所部整编为第十七军，由荣臻任军长，胡毓坤为副军长，隶属于第三方面军团。这是郭松龄事变期间，历经错综复杂情况之后，东北军的复合。

第六、东北军的变化

二十、和吴及联阎

吴佩孚于十四年十月二十日，在汉口就十四省联军总司令，因张宗昌关系，移讨奉为讨冯，遣使于奉；张作霖亦于十五年一月五日电吴表示谅解，遂结同盟之好，共同支持北京政权。当向北京进攻时，吴曾派田维勤军协助。阎锡山颇受冯玉祥的压迫，亦曾派军对保定及平绥路上之丰镇作进攻姿态。奉直既弃嫌修好，晋已启衅于国民军，势必依附奉、直，因而形成张、吴、阎联合以讨冯之局面。

十五年六月三日起，奉、直、晋三方面军队，先后由吴佩孚、张宗昌统一指挥，分路向南口、张家口进攻。自八月十四日，于珍军攻占南口，吴俊升部骑兵亦占领多伦，田维勤、靳云鹏军及商震部亦相继攻占怀来、大同、丰镇等地。冯玉祥部仓皇向平地泉、包头总退却，秩序凌乱，几不成军。冯部之韩复榘、石友三、郑金声，且向阎锡山投降，改编为晋军三个师。东北军刘震东旅于十二月二十五日占领包头，十六年一月四日进抵五原。国民军退至陕、甘，西北战事，始告平息。即发表高维岳为察哈尔都统，商震为绥远都统。

至于北京政府，自十五年四月九日，北京政变（冯玉祥策动），鹿钟麟以警卫总司令名义宣布段祺瑞罪状，释放曹锟后，段于四月二十日下野，由吴光新护从走天津，临行前发布命令，任胡惟德兼署国务总理，摄行临时执政职权。嗣经张、吴几次会商，解决时局问题，迄未达成协议，遂由颜惠庆、杜锡圭、顾维钧，递次为摄政内阁，以维政局。

二一、组织安国军

国民革命军在十五年九、十月已深入鄂、赣，底定福建。吴佩孚于八月二十五日自北京回到汉口坐镇。孙传芳感四面楚歌，应付困难，即于十一月十九日从南京微服至天津，向张作霖求援。会商结果，是将东北军全部及张宗昌之直鲁联军，孙传芳之五省联军，阎锡山之晋军，合组为安国军。且征求吴佩孚的同意，于十一月三十日，由孙传芳、张宗昌、阎锡山、商震、刘镇华、寇英杰、褚玉璞、张作相、吴俊升等十六将领，联名通电：为统一指挥起见，推戴张作霖为安国军总司令，统驭群师。张于十五年十二月一日在天津就安国军总司令职，即任孙传芳、张宗昌、阎锡山为副司令，组织大规模之总司令部，并设置外交、政治、财政三讨论会。张宗昌于十二月三日在济南就安国军副司令职，仍兼直鲁联军总司令；孙传芳于十二月四日在南京就安国军副司令职，仍兼五省联军总司令；阎锡山则于十二月二十日在太原就安国军副司令职。安国军作战计划，是以重兵进入河南援助吴佩孚反攻湖北。阎部固守晋、绥，严防冯玉祥再举，直鲁联军配合渤海及东北两舰队，进出南京、上海，协助孙传芳抵抗北伐军，张、孙复在南京设立联合军司令部。

二二、成立军政府

十六年二月张学良、韩麟春之第三、第四方面联合军团进入河南支援吴佩孚。孙传芳、张宗昌两部在杭州、南京沿长江一带被国民革命军击败，于三月底先后退过江北。吴佩孚残部势穷力蹙，逼处河南中、南部。在此情况之下，安国军干部会议，决议，先解决政治问题，由孙传芳等全体将领于十六年六月十六日发布通电，推举张作霖为海陆军大元帅，组织军政府。张于六月十八日在北京就海陆军大元帅职，即准顾维钧辞去摄政内阁总理。另任潘复为军政府国务总理，并任命阁员：内务沈瑞麟、外交王荫泰、军事何丰林、财政阎泽溥、实业张景惠、农工刘尚清、司法姚震、教育刘哲、交通潘复。同时，为简化军事指挥系统，废除以前各种名称，任孙传芳、张宗昌、张学良、韩麟春、张作相、吴俊升、褚玉璞为第一、第二、第三、第四、第五、第六、第七方面军团军团长。张宗昌为海军总司令，沈鸿烈为副司令兼海军第一舰队司令，吴志馨为海军第二舰队司令。周培炳为空军司令。

第七、东北军的出关

二三、各方情况不利

十六年四月十八日国民政府奠都南京。先是，冯玉祥于十五年九月自俄国回抵五原，就国民革命军联军总司令，即令全军绕道甘肃援陕，击破围攻西安之刘镇华军，于十六年五月进占潼关。阎锡山改变态度，于十六年六月六日就国民革命军北方军总司令职。吴佩孚残部分散，吴本人则于十六年七月二日自南阳往四川依靠杨森。而张学良、韩麟春第三、第四方面军团，击败河南杂军，进出洛阳、西平、上蔡以后，即受到北伐军唐生智、张发奎两军之猛烈攻击与冯玉祥、阎锡山的侧背威胁，遂于十六年五月，撤至郑州、开封，旋又撤至黄河以北。孙传芳、张宗昌、褚玉璞之第一、第二、第七方面军团，对南京、安庆之反攻，亦均失利，于十六年五月先退至蚌埠、临淮、徐州，六月二日则撤到苏、鲁交界地区。嗣以宁汉分裂，北伐军事受有影响，孙、张两方面军团又于十六年七月二十五日占据徐州。孙传芳部即分两路南下，一由津浦线攻蚌埠、浦口，一由宿迁侵淮阴、镇江。至八月二十六日分路渡过长江，向南京进攻。于九月一日，经国民革命军第一、第七两军击溃，残部均退往江北，损失惨重，随即连同徐州之张宗昌部，退守山东。

二四、五九通电息战

十七年一月，国民革命军继续北伐。北京军政府召集军事会议，决定以第一、第二、第七方面军团沿津浦线取守势，第五、第三、第四方面军团沿京绥、京汉两路线，对阎锡山、冯玉祥两军采取攻势。迨十七年四月二十日，日本出兵济南，造成五三惨案，张作霖鉴于内外情势严重，乃力排众议，于五月九日通电吁请南中息兵，以免为外患所乘，陷国家于危亡之域。同时令第一、第二、第七方面军团撤至德州、沧州，第三、第四方面军团撤至保定，第五方面军团撤至张家口、宣化一带，均取守势。

二五、六二通电撤兵

张作霖在十七年五月审势量力，并虑及东北外患后顾之忧，乃决定撤出北京，全师出关，且毅然拒绝日人之诱胁，决不引外力以求自固。即于六月一日，接见公使团及绅商法团代表话别，复应允各代表要求留鲍毓麟旅在北京维持治安。二日发表通电声明："中央政务交国务院摄理，军事归各军团长负责，国事悉听国民裁决……所冀中华国祚不自我而斩，共产恶化不自我而兴……。"于六月三日晨一时离开北京，六月四日晨五时十分回沈专车，行至皇姑屯京奉、南满铁路交叉处，日本关东军阴谋预置之炸弹爆发，吴俊升当时炸死，张大元帅身负重伤，旋即殒命。

二六、撤兵经过情形

孙传芳、张学良、杨宇霆于六月三日，同车离开北京，经天津赴滦州，指挥各部撤退。张作相第五方面军团，汤玉麟部撤往热河，其余向山海关、锦州撤退。孙传芳第一方面军团除郑俊彦部经北伐军收编外，仅有两个师，随同张学良、杨宇霆之第三、第四方面军团向滦河以东撤退。张宗昌、褚玉璞之第二、第七方面军团，集结天津附近，犹豫未定，俟徐源泉军向阎锡山输诚,张、褚始于六月十二日率残部五万余人,自天津向古冶、滦州撤退,还想另作图谋。嗣经杨宇霆取得滦河西岸北伐军的谅解,即指挥胡毓坤、王树常、于学忠各军,在滦河以东从九月十二日起经十日之激战,方将张、褚各部缴械收编。张宗昌由秦皇岛转去大连,褚玉璞、孙传芳均赴沈阳,东北军之撤退,即告完成。

二七、张学良就东三省保安总司令

张学良于十七年六月十八日返抵沈阳,十九日就任奉天军务督办,万福麟被派为黑龙江军务督办。张复于七月四日,就任经东三省议会联合会推举之东三省保安总司令职,曾表示停止军事,休养生息,决不妨害统一。并积极将由关内撤回之部队及原在东三省的军队,以旅为单位,彻底整编,仍称东北军。

改编后东北军番号兵力驻地如下:

番　　　　　　号	主　官	驻　地	备　考
东 北 陆 军 第 一 旅	王 以 哲	沈　阳	
东 北 陆 军 第 二 旅	丁 喜 春	黑　山	
东 北 陆 军 第 三 旅	何 柱 国	义　县	
东 北 陆 军 第 四 旅	刘 翼 飞	兴　城	
东 北 陆 军 第 五 旅	董 英 斌	锦　州	
东 北 陆 军 第 六 旅	李 振 唐	绥　中	

番　　　　　　　　号	主　官	驻　地	备　考
东 北 陆 军 第 七 旅	赵 维 桢	五　　常	
东 北 陆 军 第 八 旅	丁　超	长　春	
东 北 陆 军 第 九 旅	李　杜	依　兰	
东 北 陆 军 第 十 旅	张 作 舟	永　吉	
东 北 陆 军 第 十 二 旅	张 廷 枢	锦　州	
东 北 陆 军 第 十 三 旅	吉　兴	延　吉	
东 北 陆 军 第 十 四 旅	徐 永 和	开　源	
东 北 陆 军 第 十 五 旅	梁 忠 甲	满 洲 里	
东 北 陆 军 第 十 六 旅	应 振 复	彰　武	
东 北 陆 军 第 十 七 旅	韩 光 第	海 拉 尔	
东 北 陆 军 第 十 八 旅	张 焕 相	哈 尔 滨	
东 北 陆 军 第 十 九 旅	孙 德 荃	盘　山	
东 北 陆 军 第 二 十 旅	黄 显 声	洮　南	
东 北 陆 军 第 二 十 一 旅	李 振 声	宁　安	
东 北 陆 军 第 二 十 三 旅	马 廷 福	山 海 关	
东 北 陆 军 第 二 十 四 旅	黄 师 岳	辽　源	
东 北 陆 军 第 二 十 五 旅	孙 旭 昌	辽　阳	
东 北 陆 军 第 二 十 六 旅	邢 占 清	哈 尔 滨	
东 北 陆 军 第 二 十 七 旅	刘 乃 昌	山 海 关	
东 北 陆 军 骑 兵 第 一 旅	郭 希 鹏	新　民	
东 北 陆 军 骑 兵 第 二 旅	程 志 远	泰　来	
东 北 陆 军 骑 兵 第 三 旅	张 树 森	新 立 屯	
东 北 陆 军 骑 兵 第 四 旅	常 尧 臣	长　岭	
东 北 陆 军 骑 兵 第 五 旅	李 福 和	开　鲁	
东 北 陆 军 骑 兵 第 六 旅	白 凤 翔	通　辽	
东 北 陆 军 炮 兵 第 一 旅	王 和 华	北　镇	

续表

番　　　　　　　　　号	主　官	驻　地	备考
东北陆军炮兵第二旅	乔　方	北　镇	
东北陆军炮兵第三旅	刘翰东	北　镇	
东北陆军工兵司令	柏桂林	沈　阳	
东北陆军辎重兵司令	牛元峰	新　民	
东北空军司令	张学良	沈　阳	
东北海军司令	沈鸿烈	葫芦岛	
黑龙江陆军步兵第一旅	苏炳文	海　伦	
黑龙江陆军步兵第二旅	王南屏	讷　河	
黑龙江陆军步兵第三旅	马占山	黑　河	

第八、东北军奉令改编

二八、张学良任东北边防司令长官

张学良懔于家仇国难，毫不理会日本的多次警告及多方阻挠，毅然决然的于十七年十二月二十九日宣布东北同时易帜，举辽、吉、黑、热四省，以服从国民政府，助成中国之统一。国民政府于三十日任命张学良为东北边防司令长官，张作相、万福麟为副司令长官。翟文选、张作相、常荫槐、汤玉麟为辽宁、吉林、黑龙江、热河省政府主席。

东北军亦纳入国军系统指挥之下，二十年来之东北军，遂成为历史上名词矣。

中央将东北军改编为国军统一编制番号如下：

番　　　　　　　号	主　　　　　官	
陆 军 独 立 第 七 旅	王　以　哲	
陆 军 独 立 第 八 旅	丁　喜　春	
陆 军 独 立 第 九 旅	何　桂　国	
陆 军 独 立 第 十 旅	刘　翼　飞	
陆 军 独 立 第 十 一 旅	董　英　斌	
陆 军 独 立 第 十 二 旅	张　廷　枢	
陆 军 独 立 第 十 三 旅	李　振　唐	
陆 军 独 立 第 十 四 旅	陈　贯　群	
陆 军 独 立 第 十 五 旅	姚　东　藩	
陆 军 独 立 第 十 六 旅	缪　澂　流	
陆 军 独 立 第 十 七 旅	黄　师　岳	
陆 军 独 立 第 十 八 旅	杜　振　武	
陆 军 独 立 第 十 九 旅	孙　德　荃	
陆 军 独 立 第 二 十 旅	常　经　武	
陆 军 独 立 第 二 十 一 旅	李　振　声	
陆 军 独 立 第 二 十 二 旅	赵　芷　香	
陆 军 独 立 第 二 十 三 旅	丁　　超	
陆 军 独 立 第 二 十 四 旅	李　　杜	
陆 军 独 立 第 二 十 五 旅	张　作　舟	
陆 军 独 立 第 二 十 六 旅	邢　占　清	
陆 军 独 立 第 二 十 七 旅	吉　　兴	
陆 军 独 立 第 二 十 八 旅	苏　德　臣	
陆 军 独 立 第 二 十 九 旅	王　永　盛	
陆 军 独 立 第 三 十 旅	于　兆　麟	
陆 军 第 三 十 六 师	汤　玉　麟	

番 号	主 官	
第一○六旅	董 福 亭	
第一○八旅	孟 昭 田	
陆军骑兵第一旅	郭 希 鹏	
陆军骑兵第二旅	程 志 远	
陆军骑兵第三旅	张 树 森	
陆军骑兵第四旅	常 尧 臣	
陆军骑兵第六旅	白 凤 翔	
陆军独立炮兵第六旅	王 和 华	
陆军独立炮兵第七旅	乔 方	
陆军独立炮兵第八旅	刘 翰 东	
东 北 空 军 司 令	张焕相（代）	
东 北 海 军 司 令	沈 鸿 烈	

二九、东北军改编后之行动

十八年八月，因收回中东路权问题，中、俄交涉决裂，东北边境多处冲突。张司令长官，为增兵国境，乃编成东北边防第一、第二两军，派王树常、胡毓坤为军长，开进于哈尔滨及扎兰屯。十一月十七日苏俄骑兵三万余配有飞机、坦克、大炮，向满洲里及扎兰诺尔进犯，势极凶猛，我军奋起应战，防边守土，卒挫强敌，第十七旅旅长韩光第，即在扎兰诺尔殉国。十九年阎、冯叛变，张司令长官力排日本的干涉，于九月十八日通电申讨，派兵入关，阎、冯瓦解，中国复归于统一。

东北干部会议，决议派兵入关，结束南北纷争之经过情形是：

民国十九年三月间，阎（锡山）、冯（玉祥）误会编遣会议，起兵反抗中央，中央亦下令讨伐，战事于焉开始，双方动员逾百万人，为中国规模最大的一次内战，史称"中原大战"。

当时主持辽、吉、黑、热四省军政之东北边防司令长官张学良先生的真正意向，实有举足轻重，而为时局推移之中心，战争胜败的关键。因此，阎、冯、汪（兆铭）及中央之代表：贾景德、景耀月、傅作义、薛笃弼、熊斌、何其巩、郭泰祺、覃振、邹鲁、陈公博、吴铁城、张群、方本仁、李石曾等诸位先生，都云集沈阳，各自进行联络游说工作。张司令长官于八月十一日主持葫芦岛开港典礼后，即赴北戴河休假，各方代表也随至北戴河，作最后亦最高潮之游说和争取工作。张司令长官，仍保持其特殊立场，对各方都不失礼，涉及共同利害，不愿轻于许诺，但云，尚在研究准备时期，俟回沈阳召开会议，共同商量，必求有利于国家，以促进和平。其实，张司令长官已胸有成竹，决心拥护中央，应入关之部队，在八月二十日前，已完成作战准备，只待命行动耳。

张司令长官八月三十日回沈阳，九月八、九两日分别宴请各方代表，在酬应中藉悉各方最近情况，以为决策取舍之张本。十二日召开军政会议，"商讨对'中原大战'最后应采取的态度"。张作相、张景惠、臧式毅、万福麟、刘哲、王树翰、王树常、沈鸿烈、于学忠、荣臻及顾维钧、罗文幹、汤尔和各位先生，均应邀出席。讨论重点，形成三案，其要旨：一、遵守先大元帅遗言，开发东北，决不再问关内事。现在双方战争，听其自然演变，东北不作左右袒。本案由张作相、张景惠提出，刘哲、王树常附和之。二、拥护中央，出兵入关，结束战争。所持理由是，战局倘再延长，势必民命绝灭，国运沦亡，为救国救民，已不容许我们坐以观变，必须表明态度，采取行动。此案系张司令长官腹案，而由荣臻提出，王树翰、万福麟、沈鸿烈、于学忠表示赞成。三、拥护中央，进军关内，主张和平，听候中央处理，事平后，将入关之部队，全部撤回，不争地盘，不求权位，专心一意，开发东北，修明政治，精练军队，巩固边防，严防强邻侵迫，方为上策。臧式毅、罗文幹、丁文江（电报意见相同）如此主张。

会中对此三案，反复讨论，莫衷一是，张司令长官颇不耐烦，即说：如坚持第一案，我惟有辞职不作了，愤而退席。嗣经顾维钧、王树翰、万福麟协调缓冲，仍请张司令长官回席，主持会议。张作相即表示："你是司令长官，有不得已的苦衷，可以不遵守大元帅的遗言，我和叙五（张景惠）为大元帅的部属，更可以放弃第一案的主张，不必生我的气，由你作主决定好了。"至此，张司令长官遂面有喜色，就宣布照第二案通过。乃发出"呼吁和平，即日罢兵，静候中央措置"之九月十八日

"巧"电，同时派东北第一、第二，于学忠、王树常两军入关，第一军于学忠部第五旅于二十日即进至天津。阎锡山见大势已去，于十九日通电下野。扩大会议及其"国民政府"于二十日撤离北平，阎、冯两军亦作总退却，于是连亘七个月，双方伤亡达三十万人之"中原大战"，得告结束，中国再现统一。若非东北军入关夹击，则此战役势必持续，何日方能判明胜负，殊难逆料，而国运民命，将不堪设想矣。

三十、九一八事变

二十年九月十八日，日军向沈阳北大营进攻，九一八事变，骤然而起。其经过，详于附录《不抵抗的抵抗》文中。

第九、九一八事变后
东北军的情况

三一、东北军的整备

二十年十二月，张学良请辞陆海空军副司令，改任为北平绥靖公署主任。二十一年八月，张以与汪兆铭政见不合，史家称为汪、张交恶事件，请辞北平绥靖公署主任。中央即撤销北平绥靖公署，另设北平军事委员会分会，由蒋委员长兼任委员长，旋以张不宜即离华北，仍请张学良代理委员长，权责仍旧。遂于二十一年十月及十二月，将九一八事变后留驻华北之东北部队，重行整编，而为备战部署。

二十一年十月在华北之东北部队整编如下：

原 有 番 号	整 编 番 号	主 官	备 考
陆军独立第七旅	陆军第一〇七师	王以哲	每师辖步兵三团，师直属部队为骑兵、重迫击炮、通信、特务各一连
陆军独立第八旅	陆军第一〇八师	丁喜春	
陆军独立第九旅	陆军第一〇九师	何柱国	
陆军独立第十旅	陆军第一一〇师	何立中	
陆军独立第十一旅	陆军第一一一师	董英斌	
陆军独立第十二旅	陆军第一一二师	张廷枢	
陆军独立第十三旅	陆军第一一三师	李振唐	
陆军独立第十四旅	陆军第一一四师	陈贯群	
陆军独立第十五旅	陆军第一一五师	姚东藩	
陆军独立第十六旅	陆军第一一六师	缪澂流	
陆军独立第十七旅	陆军第一一七师	黄师岳	
陆军独立第十八旅	陆军第一一八师	杜振武	
陆军独立第十九旅	陆军第一一九师	孙德荃	
陆军独立第二十旅	陆军第一二〇师	常经武	
陆军独立第二十九旅	陆军第一二九师	王永盛	
陆军独立第三十旅	陆军第一三〇师	于兆麟	辖三旅，每旅三团，骑兵、高射炮各一团。炮兵一营
	陆军第一〇五师	刘多荃（代）	
陆军骑兵第一旅	陆军骑兵第一师	郭希鹏	每师辖骑兵三团
陆军骑兵第三旅	陆军骑兵第四师	王奇峰	
陆军骑兵第六旅	陆军骑兵第六师	白凤翔	
	陆军炮兵第六旅	王和华	辖山野炮兵三团
	陆军炮兵第七旅	乔　方	辖山野炮兵三团

原　有　番　号	整　编　番　号	主　官	备　　　　考
	陆军炮兵第八旅	刘翰东	辖重炮兵二团
	陆军独工兵第一团	杜维纲	辖工兵五营

二十一年十二月又以整编之师旅编成六个军如下：

番　　　　号	主　　官	备　　　　考
陆军第五十一军	于学忠	
陆军第一一一师	董英斌	
陆军第一一三师	李振唐	
陆军第一一四师	陈贯群	
陆军第一一八师	杜振武	
陆军第一〇五师	刘多荃	
陆军骑兵第一师	郭希鹏	
陆军炮兵第六旅	王和华	
陆军第五十三军	万福麟	
陆军第一〇八师	丁喜春	
陆军第一一二师	张廷枢	
陆军第一一六师	缪澂流	
陆军第一一九师	孙德荃	
陆军第一二九师	王永盛	
陆军第一三〇师	于兆麟	
陆军骑兵第六师	白凤翔	
陆军骑兵第七旅	乔　方	
陆军第五十七军	何柱国	
陆军第一〇九师	何柱国	

番　　　号	主　官	备　　　　　考
陆军第一一五师	姚东藩	
陆军第一二〇师	常经武	
陆军骑兵第四师	王奇峰	
陆军第五十五军	汤玉麟	
陆军第三十六师	汤玉麟	东北陆军第十一师改编
陆军第六十三军	冯占海	
陆军第九十一师	冯占海	"九一八"由吉林撤出部队编成
陆军第六十七军	王以哲	
陆军第一〇七师	张政枋	
陆军第一一〇师	何立中	
陆军第一一七师	翁照垣	
陆军炮兵第八旅	刘翰东	
陆军工兵第一团	杜维纲	

三二、长城抗日战役

二十二年一月一日,日军进攻山海关,三日山海关陷入敌手,是乃日军进犯热、冀之前奏。中央当策定"确保冀、热并巩固平津"之作战计划,将在华北各军及中央增援部队,编组为华北集团军,由张学良兼任华北集团军总司令,以作应战准备。其指挥系统及战斗序列如下:

华北集团军指挥系统及战斗序列表

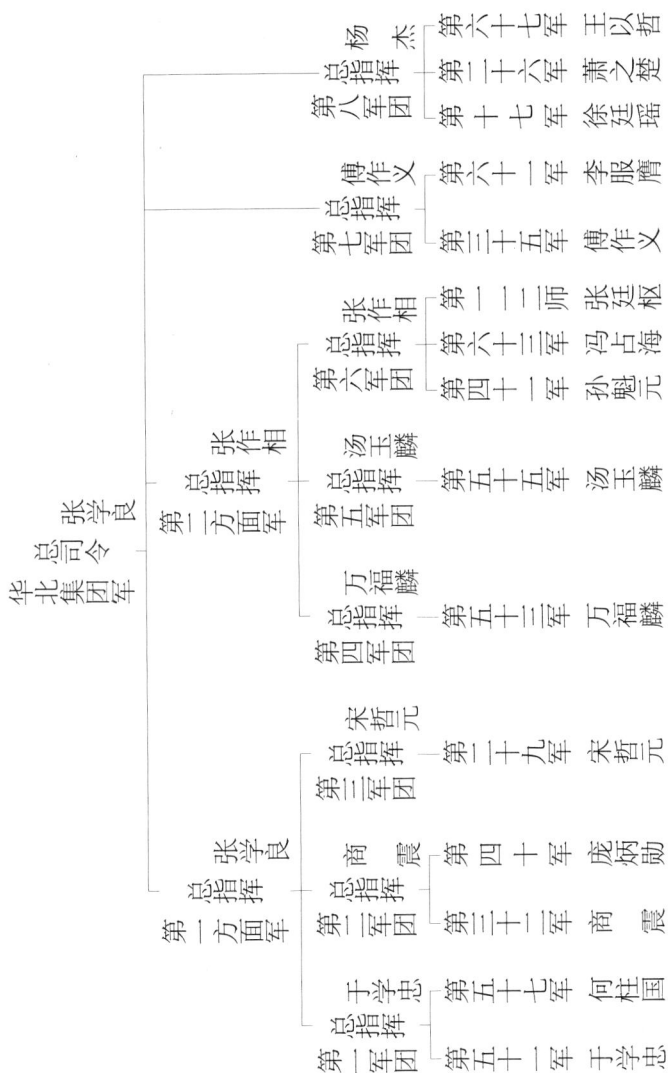

华北集团军 总司令 张学良

- 第二方面军 总指挥 张作相
  - 第八军团 总指挥 杨杰
    - 第六十七军 王以哲
    - 第二十六军 萧之楚
    - 第十七军 徐廷瑶
  - 第七军团 总指挥 傅作义
    - 第六十一军 李服膺
    - 第三十五军 傅作义
  - 第六军团 总指挥 张作相
    - 第一一二师 张廷枢
    - 第六十三军 冯占海
    - 第四十一军 孙魁元
  - 第五军团 总指挥 汤玉麟
    - 第五十五军 汤玉麟
  - 第四军团 总指挥 万福麟
    - 第五十三军 万福麟
- 第一方面军 总指挥 张学良
  - 第三军团 总指挥 宋哲元
    - 第二十九军 宋哲元
  - 第二军团 总指挥 商震
    - 第四十军 庞炳勋
    - 第三十二军 商震
  - 第一军团 总指挥 于学忠
    - 第五十七军 何柱国
    - 第五十一军 于学忠

三三、张学良辞职通电下野

二十二年二月二十七日，日军分三路向热河进攻，以赤峰、凌源、凌南为目的地。而汤玉麟第五军团，不战竟退，承德于三月四日失陷。张虽令第四、第六两军团，继续抗敌；但终不能挽回颓势，日军已进至长城之线。张学良即于三月九日奉准辞职，十日发表通电下野，中央派何应钦代理北平军事委员会委员长，东北军归中央直接节制指挥。到此，二十年来之东北军，随张学良的下野，则又转入新里程矣。

三四、对张学良的观感

张学良这次辞职通电下野，名记者陆大声先生，曾有评论："……谁都不能否认，中国没有一个军阀能像张学良那样，手握几十万大军的兵权，最高当局一声令下，二话不说，全盘交出，没有半点拖泥带水。为什么？国家民族在他心目中有了压倒的地位。……充分表现了识大体，顾大局的负重精神。……"

第十、张作霖的几事

三五、粉碎日本满蒙分离运动

东北逼处于日俄两大强邻胁迫之间，日俄战后，复划分南北满界线及内蒙古势力范围，外交因应，谈何容易，张氏主持东北军政十余年，在北京政府鞭长莫及之际，周旋应付，不亢不卑，终其一生，未曾有向日俄缔结任何丧权辱国之密约。尤其是日本欲其出卖国家，若日韩合并论中，宋秉竣、李容九之所为者，则非张氏所能忍受。此日本满蒙分离运动之所以失败也。

三六、搜查苏俄大使馆消弭"赤祸"阴谋

张查知苏俄大使馆收容中国共产党图谋扰乱治安，即于

十六年四月六日密令北京武装警察会同宪兵，得使团同意，进入北京东交民巷使馆区，将苏俄大使馆包围，搜索附属之远东银行及中东铁路办事处，拘捕中、俄共产党徒李大钊等六十余人，检出苏俄"赤化"中国的重要文件几十箱，并在大使馆武官室搜出苏俄军事专家及密探之中国军事报告全部（同时搜查东三省及天津俄国总领事馆，亦获有苏俄阴谋文件）。苏俄大使曾即访顾维钧抗议，顾托词未接见。七日苏俄大使向顾抗议，称：军警入使馆房屋，事属非常，违反国际公例，侵犯使馆尊严。顾维钧同时向俄大使抗议，谓：收容中国共产党，谋紊乱治安，为国际公法所不许，且违反《中俄协定》。当即成立特别法庭，采证据主义，审判由俄使馆拘捕之共产党徒，于六月二十八日经审判长何丰林宣判：李大钊、路友于等二十人死刑；舒启昌等四人各处徒刑十二年，李云贵等六人各处徒刑二年。俄人奥钮夫等十九人送京师高等检查处另行审判。这一惊动中外之搜查苏俄大使馆事件，就这样告一段落。

三七、保存故宫文物

在北方政局动乱之中，张对于故宫文物，竭力保存，其个人既未豪夺，更未巧取，此虽属当然之事，但衡之北京政府首脑人物中，有此光明磊落之行径者，尚不多见。

三八、拒绝日人诱胁分裂中国

十七年二月日人乘张氏兵败，继续提出所谓"满蒙五路建筑权"要求，终为张氏坚决拒绝。迨"五三"济南惨案发生，日人以为大有利于张氏，对张不无德色。而张懔于阋墙御侮之旨，反变计以大局为重，于五月九日通电息兵，以免为外患所乘，陷国家于危亡之域。日人之阴谋诡计，又未得售。可是，日本还希冀张氏幡然改图，是以在张出关的前一日（六月二日），其芳泽公使，犹携译员进谒，鼓其如簧之舌，称：将以绝大之助力，迫退南军，俾得划江而守，中分天下。求偿的条件，则为一、吉会路接轨；二、葫芦岛筑港停止；三、打通路改线，而已。张仍严词拒之，并谓：此我家事，于贵方何与？吾宁受南军之缴械，不愿借贵方之助，以保此小朝廷。言时词色俱厉，极予芳泽以难堪。至此，日人也认清楚了他终不为所用，在愤恨绝望之余，竟一切不顾，使出最后之丑恶一着——牺牲张氏，以图另创局面。

三九、与国父及蒋公之关系

一、与国父的合作

张作霖先生与国父的联络合作，当时并未公开，有记载的是，张先生于十一年一月三十日，第一次派李绍白代表赴桂林，二月十二日谒见国父。行前，杨庶堪自上海电国父："张派亲信代表赴桂晋谒磋商条件，幸善遇之。"尔后，信使往还，除函信有载在《国父全书》中外，其代表人物，有记录或有印证者，则为：宁武于十一年八月三日，韩麟春十一年九月，沈鸿烈十二年五月，杨宇霆十二年十二月之来广州；伍朝枢于十一年三月，汪兆铭十一年九月二十二日，和十二年九月二十二日，叶恭绰十二年十一月二十五日，孙哲生十三年九月之赴沈阳，商洽合作，讨伐曹、吴军政事宜。（参阅《国民党八十年大事年表》）

其合作之具体表现，则为两次直奉战争。

十一年五月，第一次直奉战，张先生为支援梁内阁，是为兵戎相见之引端，而促成战争之不能罢休者，在有粤、奉会师武汉之约。广州政府适于此时派伍朝枢赴奉报聘，磋商合作，则有助于直奉战争之爆发，亦系持平之论。

据张梓生所编《直奉战争纪事》云："伍之赴奉，据伍氏在上海向各方面宣言，纯系报聘性质，谓奉张迭次派员赴粤……自有报聘之必要……而对于粤奉联盟一层，只承认其可能，而力辩其并无有订立某种条约之事。……据当时所传消息，谓粤、奉、皖三系连络之结果，拟召集各系代表，在天津开全国统一会议，其会议中之议案，已由三系暗中商妥，大约（一）国父为总统，段祺瑞副总统，梁士诒国务总理。（二）

免吴佩孚直鲁豫巡阅副使,归两湖巡阅使本任。(三)大赦安福系党人。(四)张勋为苏皖赣巡阅使,段芝贵为直隶督军。(五)恢复旧国会,制定宪法。……吾人观张氏运兵入关,即以保护天津会议为名……而直奉战争之导火线,固已伏于此矣。"(见《传记文学》第二十五卷第三期,沈云龙《奉粤皖结盟及奉直之战》[《徐世昌评传》之六七]引。)嗣奉军战败,北伐军亦无进展,粤奉双方均以未克会师武汉为憾。即再谋讨伐曹、吴之道,遂有十三年第二次直奉战争。

十三年九月一日,江浙之战爆发,国父于九月四日下令北伐,分兵三路进攻江西。张作霖先生同日致电国父响应北伐,愿效前驱,即于九月十三日,发动第二次直奉战争,粤奉仍有会师武汉之约。迨十月底吴佩孚溃败,曹锟下野,张先生和段祺瑞、冯玉祥先后电请国父北上,共商国是。国父于十三年十二月四日抵达天津,而段祺瑞却迫不及待,先于十一月廿四日,自津入京,宣布就任临时执政,北方政局形势为之一变。国父驻节天津期间,仅与张作霖先生互相访晤,欲与段面决大计,但段只派许世英代表慰问周旋,避不谋面,可见其间有所隔阂。盖当时国父主张召开国民会议及废除不平等条约,段主张召集善后会议,承认既定不平等条约,政见不同,无法一致,三角同盟之势,已不能继续维持。不幸国父逝世,竟失去以国民会议解决国是的机会,唯有诉之于武力矣。

综合张先生与国父合作过程及往返函信中,观察分析,则是,张先生对国父极为推崇。尤其在十一年至十三年,革命艰苦阶段,而有经济和物质上之援助。可以说在这一时期,张作霖先生对革命是有贡献的。

二、与蒋公的关系

张作霖先生与蒋公的关系,很少有人知道,很少有人注意,也很少有人提起。现在从各种资料显示,其直接间接所发生的关系与影响,颇为深远,而有申述之必要:

(一)蒋公十二年赴苏俄考察,随员有王宗山先生,王先生于本年(一九七七)三月逝世,其事略中有:"……蒋公奉派访俄,先生与焉……蒋公顺道视察东北,经先生之努力,促成蒋、张顺利晤谈,为以后之团结植基。"据此,则张先生曾与蒋公顺利晤谈,当为事实。至于如何促成,何时晤谈,而语焉不详。兹由蒋公访俄行程上研讨所知,蒋公于十二年八月二十四日经大连乘南满车过长春,本日由哈尔滨搭车上莫斯科行程。十一月二十九日蒋公自莫斯科回国,十二月九日,过哈尔滨、长春,十五日抵上海。其间在沈阳,似有四五日停留。此刻,广州政府财政部长叶恭绰正在沈阳,可能经叶恭绰之介绍联络,促成蒋、张顺利晤谈。张当为张作霖先生,或有张学良在座,时日,应在十二月十日至十三日之间。

(二)张先生于十六年六月二十五日通电表示:继孙中山先生之志,仍当本中山合作初衷,一律友视。露出可以妥协之意。且先派葛光庭赴南京接洽,所持议案,认为冯玉祥是唯一之敌，欲和宁、晋以讨冯，再谋统一之道。而宁方亦难漠视冯之意见。其妥协运动，故无结果。可是由于宁、奉妥协声浪，反逼使暧昧之冯玉祥表明态度，遂有冯玉祥、张之江、鹿钟麟于十六年七月二十七日就军事委员会委员之电报，冯驻宁代表熊斌，亦表示冯军全力拥护南京国民政府。有此影响，亦异数也。

（三）十六年七月二十九日何成濬代表到北京，奉方甚为欢迎。同时，已有唐生智经孙传芳的介绍，任联奉对宁之接洽。待奉方代表杨宇霆、韩麟春与何成濬会谈时，即表示：①认汉为共产政府，唐为反复之人，宁为国民政府，蒋为热血同学，决不联唐反蒋。②不反对三民主义，然非赞同态度，因赞同有投降之嫌。③愿先统二不统一，俟国民会议开后，再谋统一之方。何成濬以为：不谈政治，先讲妥协，为宁方环境所不许。谈商既无结果，彼此均有失望之感。何即离京赴晋。

（四）张学良先生斯时对三民主义的革命大道理，已有所了解。此次与何之会谈，未能达成协议，殊以为憾，而拟辞职，出国考察，以示消极。张于十六年八月九日赴保定视察第十六、第十七两军，召集军、师长，曾有告别式之训话："我因政略关系，拟呈请辞职，出国考察，不久可回来，各位要仍本初衷，拥护大元帅，为国家努力。"等语。（参阅沈云龙《黄膺白先生年谱长编》上，二九三—二九五页。）其议虽未实现，然而却影响到十七年六月以后的国家政局。东北在日本关东大军迫在肘腋，张学良年未三十，身家生命，危如累卵，而能坚护国家主权，不受日人威胁利诱，举辽、吉、黑、热四省，以效忠国民政府，完成中国统一，自非偶然。这也许是王宗山先生所说"为以后之团结植基"的因果关系也。

四十、中外要人的直接评论

叶恭绰（誉虎）

《叶遐庵（恭绰）先生年谱》云："总理抵津之日（十三年十二月四日），访张（作霖）于其寓邸，时在座者有张学良、杨宇霆、吴光新及先生（叶）等五人，寒暄方毕，张即起言：'孙先生——我是粗人，坦白言之，我是捧人的，我今天能捧姓段的，就可捧姓孙的，惟我只反对共产，如共产实行，虽流血所不辞。'其言甚显豁，可知其固出于诚意者也。"

于右任

于右任先生，一九五四年三月，在王冠吾先生家谓："我于十四年二月到沈阳见张作霖先生，商谈国民二军胡景翼入豫事之后，张即问我：'你们国民党我赞成，我却不赞成共产党。'我即回答：'中山先生与你同一心理，但异其手段，有人驱逐共产党，共产党便想法独立存在，中山先生把共产党转变为国民党，即共产党自然不存在。'经我说明后，张虽有所释然，但对中山先生之容共政策，仍表示怀疑。"

孙科（哲生）

孙哲生先生《八十述略》云："翌年秋（十三年），我辞去广州市长职，持国父函……到沈阳，往见张作霖，商量讨伐曹锟和吴佩孚。从前听说张作霖是土匪出身，以为他粗鲁骠悍，及见面之后，方知他长得非常清秀，个子不高，不像土匪一类人物。那时他正在进攻山海关。……当时我是住在旅馆，他每天早上派专车接我到他的办公室，共进早餐，吃的是小米稀饭，生活非常简朴，饭后，照例由他的秘书长带着一个秘书和各方的函电公文，向他报告，并请示意见。他听完之后，逐一用口头指示，由秘书记录办理，一百多件公文，不到一小时，就处理完毕，非常迅速。当我和张作霖达成协议后，他的军队不久即打通山海关，进抵天津，曹锟亦随之下野。"（见孙科《八十述略》第十页。）

颜惠庆（骏人）

《颜惠庆自传》云："张作霖将军……通电下野……他在返奉天火车途中……被炸重伤，不及医治，业已身亡，他的生命，如此结束，可云惨酷。至于他对国家的功罪，一时尚难评判，只好留待史家的公正裁决。他所受的教育，十分有限，完全凭藉本人天赋的智慧和机变，造成他死前的领袖地位。他能在东三省，日本军阀极度侵略之下，维持地方秩序，经历若干年，其应付能力要非一般武人所能隮及。至于他的弱点，要为中国一般武人所共有，不能对张氏个别加以苛刻指摘。"

（《颜惠庆自传》一五五页，传记文学社出版。）

顾维钧（少川）

《顾维钧对民国史几个问题的自述》谓："张作霖对我非常客气。我觉得他有他的特长，虽然他没有受过教育，统御部下，却有他的一套。例如，张宗昌是他的部下，他对于大帅（张作霖）看见了是磕头的。张作霖要他作什么事，他就作什么事，服从得很。张大帅对部下，晓得他们的脾气。他自己不要钱，对部下手头很宽。……而他自己的生活很简单。"（见一九七六年十一月《传记文学》第一七四号）

梁士诒（燕孙）

《梁燕孙（士诒）先生年谱》云："张（作霖）自昔与国民党具有渊源，自就安国军总司令以来，先生（梁）与叶君恭绰逆知此局之不能持久，而世界形势，不久即将剧变，北方政治立场，既甚薄弱，宜急与国民党相结，庶足安内攘外。曾设法说奉军诸将领，倾向和平，早谋统一。事将成熟，为张宗昌所破坏。复张孙传芳北上，力说张以抗南，遂致不可收拾。……

张虽一武夫，而十余年撑持东北，苦心孤诣，功绩实不容没，张死，而东北之局坏矣。"（见《三水梁燕孙先生年谱》下册，五二五、五六六页。）

俄人布尔林（张氏顾问）

布尔林（俄人，帝俄中将，二十三至二十六年在南京陆军大学任教官，讲授"战争原理"课程）日记（孔祥铎译）云：

"我自民国八年起任张作霖将军顾问十年，就参与其间所知者，他可敬佩之事有：（一）收回中东铁路权。在民国九年前后，俄国红白两党混战时期，关于中东铁路问题，日本提出由中、日共管，美国主张暂由国际监管。张均反对，认为中东路主权属于中国，而由中国收回，并划中东铁路沿线为东省特别行政区。（二）断绝谢米诺夫。俄国远东军总司令谢米诺夫，经红党击败，在民国七年八月退到满洲里、海拉尔。当时我任谢的参谋长，曾代表谢于七年九月至八年二月间，密赴沈阳三次，谒见新升东三省巡阅使的张作霖将军，请求援助。张谓：因国际关系，只能暗中予以方便，且主张谢应和霍尔瓦特（中东路坐办）组成之西伯利亚政府合作共同抵抗红党。为联络方便，也聘我为巡阅使署顾问。八年九月我陪同谢米诺夫至沈阳，谒张面谈。张、谢达成口头协议为：张仍暗中支援。谢继续服从西伯利亚政府及不得向东北与蒙古境内侵犯。八年底谢忽受日本利用，宣布为西伯利亚统治者，并统一全蒙。张将军闻之大为愤怒，骂谢是白匪，即密令黑龙江孙督军设法将谢米诺夫逮捕。经我周旋调解，虽未走极端，然自此断绝谢之往来，凡谢部退入国境者，不问多少，一律缴械，我亦于此时辞去谢之一切地位。民国九年起，谢和其他白党在远东之组织即被红党各个击破矣。谢米诺夫亦于十年九月，自海参崴流亡上海。（三）十二年八月，苏俄代表加拉罕联张工作之失败（加拉罕联张失败，即于十四年将其利用对象转为胡景翼、冯玉祥、郭松龄），十五年一月中东路局长伊凡诺夫之遭拘捕，七月加拉罕之离华，奉俄会议之不重开，十六年四月北京苏俄大使馆之被搜查，等等事件之发生也。"

《国闻周报》

《国闻周报》载有："张作霖之为人，机警果敢，非无过人之处，即其宽厚待下，侠义结友，亦尚不失豪杰本色。彼在东省，对日人有时非常强硬，决不如南中所传之媚日亲日。……盖东北地理历史，均与日本有特殊关系，周旋其中，势使之然，固不能断其即为媚日卖国。"又有："张（作霖）……霸东北者十余年，而强邻压境，外交棘手，张努力支撑，似尚不闻有丧权卖国举动，世之明眼人或多谅解者也。"又云："平情而论，张（作霖）氏其以前在东北经过之事业，均足表现一种爱国真诚，对外敢云尚无屈辱，此自不可磨灭之事实……吾知千百年后，知人论世，定多同情于其悲境者。……"（见《国闻周报》八、九、十、三十期。）

梁敬錞（和钧）

梁敬錞《九一八事变史述》云："张（作霖）对日本既亲仇之不一，日本对张，亦怨悦而交并。……大抵张作霖对于日本，虽甚富友谊，然日本欲其出卖国家，若日韩合并论中，宋秉峻、李容九之所为者，则非张作霖所能忍受。作霖之贤在此，日本满蒙分离运动之失败亦在此。"（见一九六五年再版本，三一二页。）

王宠惠(亮畴)

王亮畴先生一九五一年三月九日于谢耿民先生家中曾说：

"张作霖是一有强烈爱国心的武人，主持东北军政十余年，在日、俄两国侵迫之间，而不受威胁利诱，抗日反俄，坚决维护国家主权，未订过丧权辱国条约，实为不世之雄才。若非张氏主政东北，恐东北早被日、俄鲸吞蚕食矣。我和张雨亭、汉卿父子之所以建有深厚友谊，原因就在这里。"

本书参考资料

《国父全书》

《北伐战史》

《革命文献》

《中国通史》

《最近三十年中国军事史》

《中华民国大事记》

《张蘅若先生笔记》

《九一八事变史述》

《合肥执政年谱》

《叶遐庵先生年谱》

《三水梁燕孙先生年谱》

《传记文学杂志》

《北洋军阀统治时期史话》

《湘军新志》

附 录

一、"不抵抗"的抵抗

——沈阳北大营守军团长关于"九一八"的回忆

"九一八"后果的总结

"九一八"是世界近代史上一个沉痛的日子。三十二年前的这一天，日本军阀在中国东北的沈阳、永吉（吉林省会）、长春、四平街等地同时发动攻击，第二天占领上述各地。二十一年一月二日，日军占领了东北三省。一月二十八日发动上海事变。三月九日导演伪"满洲国"。二十二年三月四日，占领热河省。二十五年五月二十四日，导演伪"蒙古国"。二十六年七月七日，日军发动芦沟桥事变，中国开始长期抗战。三十年十二月八日，日军攻袭珍珠港，引发世界大战。三十四年八月十四日，日本向中、美、英、苏四国无条件投降。日本军阀穷兵黩武，蹂躏东亚，中间经过十四年，终遭惨败。……

"九一八"沈阳北大营的炮声，不但演变为中日战争，而且掀起了第二次世界大战。其结果，日本固然遭受了惨败的痛苦，然而也造成战后中国大陆之被关入"铁幕"，整个亚洲之陷于混乱。

"九一八" 前东北军政情势

东北边防司令长官张学良以陆海空军副司令职位驻在北平行营，并养病于协和医院。东北边防司令长官公署事务由军事厅长荣臻代行。东北边防驻吉副司令长官兼吉林省政府主席张作相，居父丧在锦州，东北边防驻江副司令长官兼黑龙江省政府主席万福麟因公留北平，东北特区（哈尔滨）行政长官张景惠驻哈尔滨，辽宁省政府主席臧式毅在沈阳。当时东北军政，实际上是由荣臻、臧式毅负责，亦即尔后日本对中国办理交涉的对象。

东北军力：东北空军代司令张焕相驻沈阳。东北海军司令沈鸿烈在葫芦岛。陆军为自陆军独立第七旅至第三十旅，共二十四个步兵旅（装备精良而有战力的，不过十六个旅）。分布在平、津及河北、察哈尔两省者十二个旅，辽宁四个旅，吉林八个旅。骑兵为第一、二、三、四、六共五个旅，驻河北省两旅，辽、吉、黑省各一旅。炮兵为独立第六、七、八共三个旅，主力在平、津一带。辽宁省防军为东边镇守使于芷山所属步兵两团，骑兵一团。洮辽镇守使张海鹏所属步兵一团，骑兵两团。黑龙江有省防军三个旅，苏炳文即当时之黑龙江陆军步兵第一旅旅长兼呼伦贝尔警备司令，马占山为黑龙江陆军步兵第三旅旅长兼黑河镇守使。

北大营被攻的经过

事变当时，我任陆军独立第七旅第六二〇团团长，本旅共辖六一九、六二〇、六二一等三个团。旅长为王以哲，第六一九团团长张士贤，第六二一团团长何立中（因公在北平）。只有本团第一营驻皇姑屯，第六二一团三个直属连驻东山嘴子（沈阳城东）营房，其余全部驻在沈阳北大营。北大营的营房，是坐北向南并列着，第六一九团在东，第六二一团在西（外墙距南满铁路二、三百公尺不等），旅部及本团在中间。日军攻击的主要目标，就是北大营的本旅。

"九一八"下午十时一刻钟，忽闻南满铁路方面发生爆炸，这就是事后查明日军自己炸坏南满铁路一段，诡称"中国军队炸毁铁路"为借口的爆炸声音。我正在团部，判断又系地雷爆发，这是多少天以来，司空见惯的事，本已不再惹人注意。但五分钟后，北大营西墙外有手榴弹及断续的步枪声，接着就是炮响。这个时候，才觉得事态并不寻常，当即叫旅部电话，始知旅长在城内，又叫六二一团电话，已无人接听，复问第六一九团张团长也不在营。至十一时将过，才得知第六一九、第六二一两团已分别向东山嘴子撤退。我在未奉到命令之前，不能自由行动，只有就营房及已有的简单工事，作战斗准备。到十二时，接奉旅长由城内来电话指示："不抵抗，等候交涉。"此后即失去联络。"等候"不等于"挨打"，敌人向本团营房进攻时，我决心还击，这是"自卫"必要的手段，虽和"不抵抗"冲突，也只有"一面等候，一面抵抗"了。

十九日上午一时四十分钟，日军步兵二百余，并有跟进的部队，逐次向本团接近，炮兵也开始射击本团营房。此刻，适奉东北边防司令长官公署军事厅长荣臻电话，询问情况，并严令"不准抵抗"。我答称："敌人侵吾国土，攻吾兵营，斯可忍，则国格、人格，全无法维持。而且现在官兵愤慨，都愿与北大营共存亡。敌人正在炮击本团营房，本团官兵势不能持枪待毙。"荣厅长当即指示："将弹药缴库。"我答："在敌人炮攻之下，实再无法遵命，我也不忍这样执行命令。"荣厅长又问："你为什么不撤出。"我答："只奉到'不抵抗，等候交涉'的指示，并无撤出的命令。"荣厅长又指示说："那么，你就撤出营房，否则，你要负一切责任。"电话也告中断。正在准备撤退的时候，敌人步兵四百余，已向本团第二营开始攻击，我即下令还击，毙伤敌人四十余名。就在敌人攻击顿挫之际，忍痛撤出北大营，正为十九日上午五时。本团第五连连长陈显瑞负伤，士兵伤亡十九人。次日，日本关东军司令本庄繁公布"日军死伤一百二十余名"，乃是为了扩大"中国军队滋事"的反宣传，并不确实。

本团撤出北大营后，即沿沈海铁路向山城镇（柳河县属）前进，行至铁岭县大甸子镇和由沈阳脱险的旅长相遇，本旅在山城镇及东丰县（县长为现任"监察委员"王冠吾先生）附近，略事收容整顿，王旅长命令我代理旅长职务，他要自山城镇乘火车经永吉、长春，先往锦州。我就指挥本旅又经铁岭越过南满铁路，于九月二十九日，分别从彰武县、新立屯两地车运锦州，即调驻北平。

对荣臻的建议

到达锦州的当时，我随王旅长（二十五日到锦州），晋见已由沈阳化装来锦的荣厅长，在报告撤出北大营经过之后，荣厅长即说："我们已将这次事变经过情形，报告中央，经由外交途径，向国际联盟申诉。现在将驻辽宁的部队，向辽河以西移动，吉林的部队，驻地太分散，先将主力在长春、永吉以北地区集结，黑龙江部队不多，暂维现状，等待国际变化。不过万主席（福麟）仍留北平，刻在此地（锦州）的张主席（作相）一二日内也要前往天津，吉、黑两省军政失去重心，还有许多问题。"我听了以后，很是惊异，当即未加思索的说："我们自己的问题，只有靠自己的奋斗，才能得到合理的解决。与其往后退以待变，莫如向前进以求变。"荣厅长冷笑着说："你有何高见。"我答："按目前情况，万主席应该赶快从北平回齐齐哈尔（黑龙江省会），稳定黑龙江局面。张主席即日赴哈尔滨，指挥在吉林的部队，收复长春、永吉（通往齐齐哈尔、哈尔滨的铁路，并无阻碍）。并把辽宁的部队集结起来，若觉得兵力不足，应将在关内的部队调回一部，派人统一指挥，收复沈阳，局势仍然可以转圜。"我说到此处，荣厅长又笑着问："这样大的事情，就像你说的这样容易吗？"我答"我个人认为应当这样做，如果有困难，您可以转向北平建议和请示。"荣厅长稍犹豫一下说："再说罢。"看情形，不便再说下去，我即先行辞出。位卑言高，自然不会被采纳的。当日晚本团由锦州车运北平。

在赴北平火车中默想，日军侵犯吾国土，占领吾城市，在军人的立场来讲，没能够拼之于敌人攻城攻地的当时，也应不计成败利钝，和敌人拼之于失城失地的今日。坐视不前，反向后走，总是一个不可饶恕的过错。

在李顿调查团作证

国联李顿调查团从沈阳回到北平以后，要我们去作证。王旅长率我们三个团长及我方译员张歆海（前驻波兰公使），于二十一年六月十日上午十时，来到北京饭店，接受询问。届时，调查团的五位团员全体出席。李顿爵士开口就说："本调查团曾到过沈阳北大营现场。"接着即询问王旅长九一八事变当时日军攻击北大营全盘经过，均由旅长答复。李顿爵士随又拿起一张日军给他的北大营写景地图，对我询问几点：一、"你看这张地图是否正确？"我答："正确"。二、"你的部队，是否驻在这所营房（以手指图）？"我答："是的"。三、"日军在这所营房的南面，西面，被你的部队击死击伤共一百二十余名，你是否知道？"我答："知道，但是据我的正确估计，日军死伤不会超过五十名。"四、"依你的观察，日军伤亡以少报多，其用意何在？"我答："我认为这是和日军当时自己炸毁这一段南满铁路（以手指图），借口'中国军队炸毁铁路'，突向北大营攻击，同一用意。"五、"你们攻击日军的理由是什么？"我答："我们并没有进到日军所在地的兵营，向之攻击。而是日军侵犯吾国土，攻击吾兵营，我军被迫还击，是'自卫'的必要手段。"李顿爵士颔首未语，并转问其他团员有无问题，仅义大利籍团员马克迪伯爵说："这是正当行动。"作证即在十二时结束。

国联根据李顿调查团报告，于二十二年二月宣布日本为侵略国。美国国务卿史汀生曾在二十一年一月，发表不承认日本非法侵略的领土，并要求英国与美国联合对日本提出严重抗议。日本发动九一八事变之初，系采取试探行动，如果当时英美共同出面干涉，根据国联决议，压迫日本撤兵，未必不能实现，这样就可以消弭第二次世界大战。但英国外相西门拒绝了史汀生的要求，因之，国联中几个强国也就没有对日本制裁的决心。日本看穿了英美不采取联合行动，国联的权势，又是纸老虎，于是蛮横狂妄地退出国际联盟，并肆无忌惮的续行侵略。

李顿调查团到达沈阳时，沈阳邮政局义大利籍的副局长普莱第在他给李顿爵士的备忘录中曾指出："如果列强不在东北就地阻遏日本侵略，他相信不出三年，他的祖国义大利，就要染指阿比西尼亚。"英国著名学者凯士博士，于一九四〇年所著《战祸的原因》一书的结论中，也曾说："从满洲事变中，墨索里尼学会一课重要的课程，所以西门爵士，不能不对这次战争负有一部分责任。"其实学会这一课重要的课程，岂止墨索里尼一人而已。

第二次世界大战，日本诚然是祸首罪魁，又何尝不是由于列强纵容所致的呢？

"不抵抗"的由来

"九一八"之夜，我两次接奉电话命令："不抵抗，等候交涉。""不准抵抗，……否则你要负一切责任。"这就是事后备受舆论攻击的"不抵抗主义"了。当时荣厅长、王旅长何以下令"不抵抗"？根据二十年的日记，知道"不抵抗"出自"不与反抗"的"鱼"电，那是二十年九月六日，张司令官长从北平发给荣臻厅长的。

原电：

> 查现在日方对外交渐趋积极，应付一切，亟宜力求稳慎，对于日人无论其如何寻事，我方务须万分容忍，不与反抗，免滋事端。希迅即密电各属切实注意为要。

当夜事变发生，荣厅长用长途电话向北平报告的是十时三十分钟以前的情况，那时日军只是炮击北大营，沈阳其他各处，都没有变化。张司令长官基于累日日军演习司空见惯一点，仍令遵照"鱼"电指示办理。等到沈阳当局发觉日军大举进攻，再向北平请示，电话线已被日军割断，虽改发无线电，但辗转到达张氏面前，已是十九日上午，日军业经占领沈阳，实已超出"寻事"的范围太大。现在回头想起来，"不与反抗"，系以"寻事"为条件，当不会以"占领"为条件，如果北平当局所得为"全面占领"的情况，究竟是否仍令遵照"鱼"电，应有问题。这就是说"不抵抗"似由于情况不明及通信不灵而促成的。

迄今，我总认为"不抵抗"并不是"主义"，更不是中央的"主意"。而是由于电信不灵，情况不明所造成的。再则为当时在沈阳军政负责人员，昧于情势，事前未能提高警觉，来防备敌人的侵袭，临事又未能适应情况，作权宜积极的处置，遂于仓皇失措中以"不抵抗"应付问题，实为一件最大的错误。

事变前的交涉

日本既决定"武装占领东三省"，即从二十年六月起制造万宝山事件，朝鲜排华事件，中村事件，来激动日本军民"用强硬手段，解决满洲中日现存之困难"。但是表面上仍透过外交形式，由日本驻沈阳总领事林久治郎与我方之荣臻厅长、臧式毅主席进行交涉。几月来，一方在必有所得，一方则虚与委蛇，当然不会获得协议。林久治郎在交涉中看出我方在推托敷衍，曾告知荣、臧两氏"日本军方不耐了，你们必须有具体的答复"。而我们认为这是日本外交上惯用的虚声恫吓，绝没有想到会大规模来侵犯。同时，总以为这许多年来，一切问题，都敷衍过去了，这次也能敷衍过去。因此，既无应变的计划，更无应变的准备。到了"九一八"日军攻击北大营时，荣、臧才在惊疑中向林总领事交涉"立刻制止日军行动"。林答："全不知情，正向军部探询。"随后臧主席又找林久治郎询问日军真意所在。林支吾其词的说："军方行动，无权过问，外交官只能向东京请示。"延至十九日上午二时，日军攻势益急，荣、臧再约林总领事询问究竟，林已避不见面。事情发展到这个地步，荣、臧束手无策，军政即入无主状态。沈阳就在十九日上午被日军占领，永吉、长春、四平街等地，也同时失陷。这一次的国耻，也就是这样造成的。

"九一八"的起因

九一八事变，为什么发生？近代史家，已多有叙述，不过在许多原因之外，尚有一点被人所忽略的，值得在此一述。甲午中日战争之后，日本吞灭了朝鲜，日俄之战，日本又取得"南满"为势力范围，遂处心积虑，想利用东北作桥梁，以实现其所谓"欲征服世界，必先征服中国，欲征服中国，必先征服满蒙"的"满蒙政策"。于是威胁利诱主政东北的张作霖作他们的傀儡。开头，张氏割据自雄，乃至中原问鼎，多少受有日本特务的策动。但张氏绝不甘心把东北合并给日本，而且全力保护中国在东北的主权。直到十七年二月，日人乘张氏兵败，提出所谓"满蒙新五路建筑权"要求，张氏仍坚决反对，并毅然拒绝日本诱胁分裂中国。日人也认清楚了他终不为所用，在愤恨之余，竟一切不顾，使出最后的一着——置张氏于死地。其后，张学良继起，懔于家仇国难，便于十七年十二月底，毫不理会日本的多次警告及多方阻挠，毅然决然的，举辽、吉、黑、热四省以效忠国民政府，助成中国统一。迨十九年，阎、冯叛变，张氏又力排日本的干涉，于九月十八日发出"巧"电[注]申讨，派军入关，阎、冯瓦解，中国复归于统一。中国的统一，是日本"满蒙政策"的死对头，结果发生了九一八事变。

[注]张司令长官申讨阎、冯的"巧"电，是十九年"巧"日（九月十八日）发出的，日军选定二十年"巧"日（九月十八日），攻击沈阳北大营，这恐怕不只是一个"巧"合的故事。

"九一八"的教训

中国近几百年来的祸患，可以说是完全导源于东北。"九一八"事变，如果能够给我们一种教训的话，那应该是使我们更相信东北是中国之生命线，无东北，即无中国，东北的存亡，实和中国的存亡有联带关系。换句话说，这个地方，我们自己不能利用，固然无从强国，若被旁人得去利用，反能使我们亡国。所以我们认为只有独立自主的中国政权在东北建立起来之后，中国才得安全，亚洲始有和平。

二、九一八事变的起因

九一八事变，为廿世纪之大事，不独关系中国之胜败得失，而且关系亚洲各国之治乱兴衰，也可以说第二次世界大战之浩劫，以及今天人类尚在核战边缘，度其危疑喘息之生活，都由于九一八事变种其因，亦无不可。

铁汉特就九一八事变的起因，以亲身经历，并参证各种资料，作一简略报告，以为记取教训，提高警觉的参考。

日本并吞满蒙，原是他的国策（称东北为满洲，即有东北非中国领土之意味）。九一八事变，虽然发自日本关东军之阴谋，而关东军之阴谋，则不全是"九一八"的起因。九一八事变之火种，阴燃暗煽，已逾三十年，关东军之所为，仅系点火一段的工作而已。"九一八"的起因，有真的，有假的，有重要的，有次要的，不下几十种。

一、英、美两国西太平洋不设防之鼓励

并吞满蒙乃日本多年宿愿，而诱使日本放胆并吞满蒙，则英、美"西太平洋不设防"之对日本约束，实为导火线。西太平洋不设防之对日约束，原系一九二二年一月，华盛顿海军军缩会议条约上，英、美、日三国海军主力舰五、五、三比率协定之交换品，亦因是之故，西太平洋之海权，遂属于日本。从此，远东门户，随时可遭日本之关闭，中国领土主权完整，随时可受日本之威胁，而我国东北之危机，更见严重，《九国公约》上对中国之各种保证，亦即顿成空文。一旦远东有事，英国自保香港、新加坡，美国自保关岛、菲律宾，均将不暇，更遑论中国之东北。日本对英、美既少顾虑，对可怕的苏俄正作第一个五年计划，无意外骛，更要趁其计划尚未完成之前，先取满蒙，以巩固日本国防。国际背景如此，遂种下日本远东自由行动的错觉，所以敢大胆而急切的向中国进行侵略，掀起了九一八事变。

二、日本满蒙分离运动之失败

满蒙脱离中国运动，为日本实行大陆政策之先决条件，因此，自一九一一至一九三一年二十年间，对满蒙分离运动，

处心积虑，无所不用其极。就其事迹可考者有三次。一次，为巴林亲王事件。一九一二年二月日人川岛浪速献支那分割策略于日本参谋本部，拟由前清肃亲王善耆及蒙古巴林亲王，同建满蒙王国，由日本资助饷械，参谋部派高山大佐、多贺少佐、松井大尉、木村大尉与巴林接洽，正议起事，为西园寺首相所阻，这次事件，日本军火在公主岭（长春、四平间）被中国军队截获，松井大尉受伤，日人死十三名。二次，为巴布扎布朝阳坡（公主岭西北）事件。一九一五——一九一六年间，蒙古骑兵首领巴布扎布及宗社党，受日人唆使，作满蒙独立之计划。日本加藤外相、关东都督府福田太郎参谋长、田中义一陆军次官、小矶国昭少佐、驻华公使伊集院、总领事矢田，并有财阀大仓喜八郎等，参与其事，为推倒袁世凯分割满蒙之大阴谋。一九一六年六月袁世凯死，日本原敬首相，命令阻止其事，而日本浪人跟蒙匪皆曰不可，日本土井大佐，拟化装为中国人，率兵占领奉天，嗣为矢田总领事所制止。其后，只在郑家屯（辽源）和中国军队冲突（民国五年八月），世称郑家屯之役。三次，为日本田中内阁一九二七年五月出兵山东事件。山东出兵为日本分离满蒙运动最后一次，其军事行动虽在山东，其军事目的则在满蒙。而背后杂有：1.东方会议对华政策纲领。东方会议是一九二七年七月七日在大连召开，由日本外务次官森格主持（森格为政友会政客，在党内外颇有权势，民国初年袁世凯时代，曾拟以二千万日金换取满蒙之代价，资助孙中山先生第三次革命，田中义一对华政策实即森格政策），会议后公布对华之政策纲领，即系森格主张之结晶品。该纲领原为八项，当时日本政府为对国际掩护起见，其中第七、第八两项，密未宣布，第七项是：东三省政情之安定，应由东三省人民自加努力，凡能尊重日本在满洲特殊权益，安定地方秩序之政权，日本均当予以支持。第八项是：万一动乱波及满蒙，妨害日本特殊权益或侨民之安居乐业，日本将采适当制止之手段。世间宣传之田中奏折，实为大连东方会议议决案之理由书。

2.满蒙新五路要求。在东方会议之时，田中已密派新任满铁总裁山本条太郎、北京军政府顾问町野武马，前往北京（山本于一九二七年十月八日抵北京），向当时北京军政府陆海军大元帅张作霖提出日本包办满蒙新五路之要求。新五路为：一、敦图路，敦化至图们江；二、长大路，长春至大赍；三、吉五路，永吉至五常；四、延海路，延吉至海林；五、洮索路，洮南至索伦。各路皆富有军事、经济价值，其中敦图路系吉会路（吉林至朝鲜会宁）最后之一段，如果完成，长春经大连至日本大阪之航程，将因朝鲜清津港之交通关系，则节省三十五小时，全程运输，悉走内线，尤可避免敌舰海上之威胁，为日本多年之愿望，而张作霖始终拒绝。3.西伯利亚、北满、北韩缓冲国。田中计划，不仅取得满蒙之新五路而已，一九二七年九月，田中曾派久原房之助，以考查俄、德两国政治为名，密谒史达林提出满蒙缓冲国之设置计划，其区域包括西伯利亚贝加尔湖以东，连同北满、北韩，由苏俄、日本、中国各派一人为监护人。此新国之主持人为谁，虽未明了，而奉张亦甚有希望。久原于一九二八年二月，自苏俄回国，据谓史达林已有允意，奉张亦不至有异议。但日本国内以朝鲜已久在掌握，不愿分作他国共管之地，踌躇未定。我北伐军逼近济南，日本第二次出兵山东（一九二八年四月十九日），此阴谋也未得逞。

就这些事迹观察，日本为满蒙分离运动，明攻暗袭、威胁利诱、挑拨离间、矛盾、倾轧，不一而足，张作霖先生即被炸死在矛盾、倾轧之间，然而日本二十年来之满蒙分离运动，终为张作霖大元帅所粉碎。张死后，日本田中内阁，并不放弃分离满蒙的国策，仍尽全力阻挠东北易帜归附中央。但是当时主政东北的张学良总司令，虽然是一未满二十八岁之青年，且在日本关东大军迫于肘腋，身家生命危如累卵之中，而能坚决维护国家主权，不受威胁，不受利诱，毅然决然，举东北辽、吉、黑、热四省，以服从国民政府，完成中国之统一，亦终非日本所能强阻。中国的统一，是日本满蒙政策的"死对头"。到此，日本对满蒙巧取既无可能，便感有豪夺之必要。九一八事变，遂骤然而起。

……

史学家沈云龙先生，一九七八年九月在传记文学杂志发表的《九一八事变的回顾》论文中，曾沉痛的呼吁："愿我国人，世世代代，子子孙孙，毋忘九一八，毋忘九一八。"铁汉愿借用沈先生呼吁的几句话："愿我国人，世世代代，子子孙孙，毋忘九一八，毋忘九一八"作为结语。

三、追思蒋公

——几次亲承面命纪要

蒋公，是一位创造历史、与历史同垂不朽的旷世伟人。忧劳崩逝，更唤起全世界对其崇高人格的景仰及伟大贡献的怀念。经国先生在《我的父亲》文中有："家父在一生奋斗之中，不但在精神上始终抱着孤臣孽子的襟怀，而在实际生活上，更深深地体味了孤臣孽子的艰苦。……"国家多变，六十年来，蒋公肩负孤臣孽子的困苦及危难，其一生亦全在为救国救民，渡过于艰难险阻之中。而千百万人哀悼眼泪里，实含有"毕生辛苦皆为民"的惋叹与悲痛。有一位外国人士说："任何美丽的词汇，加于蒋总统都无不当。"这句话，说中了我们的心怀，尤说出了举世对蒋公最美丽的赞颂、讴歌。

蒋公是"一位平凡的伟人"，但是我只见其伟大，而不见其平凡。谨将几次亲承面命之经过，纪述出来，以为对蒋公之追念思慕。

一

民国二十二年二月，日军向我热河及长城进犯。蒋公为军事委员会委员长，于三月九日进驻保定，指挥华北抗日军事，并调整军政机构。我任陆军第六十七军参谋长，承蒙委员长于三月二十日在保定召见，晋谒时，委员长精锐四射的目光，向我上下注视后，第一句话就说：我记得你，在沈阳北大营当时情况，你作得很好。接着，询问本军编组情形、部队状况、作战经过。我扼要报告后，委员长又说：你任参谋长，对原驻华北各部队一般状况，应当有所了解，可作一分晰说明。我答：原驻华北部队，庞杂笼统，对各部并无深入了解，仅能就表面所见，提出概略分析报告。以军为单位来说，商震、傅作义、李服膺之第三十二、第三十五、第五十九各军，原属山西军。宋哲元、庞炳勋、孙魁元之第二十九、第四十、第四十一各军，原属西北军。于学忠、万福麟、何柱国、王以哲之第五十一、第五十三、第五十七、第六十七各军，原属东北军。各有其历史性，亦各有其个别性，而且编制、装备、训练方式，均有不同。统驭指挥这样素质各异之庞大军团，若使其有一个意志，一个命令，一个行动，趋向同一目标，不能专凭统帅部严格命令之节制，更要依赖委员长伟大人格的感召。褊浅之见，谨供委员长参考。委员长额首，并说：很好，今后你要多给我写信，多提出意见，希望你多为国家努力。遂即辞退。

委员长仪容庄严，英气迫人，而语言祥和，有吸引人向心之磁力，在自然中，产生敬仰崇拜心理。这是我第一次晋见蒋公的印象。

二

民国二十二年五月，华北停战在塘沽签定。陆军第六十七军，即调驻平、津间之廊房、落垡一带。八月初，委员长电令第六十七军调驻河南信阳，先是王以哲军长在七月中，赴南昌晋谒委员长请训时，关于六十七军调防事，曾征询王军长意见，王答称，愿遵从委员长命令。可是奉到命令之后，觉得在旧东北军历史传统上，又有一些顾虑，遂派军法处长崔子馥（在台湾）代表，本此理由，晋谒委员长，请暂缓时日，再遵命移防。崔处长回来报告：委员长说，可以暂缓，晚一些时日没有关系。但一直到九月上旬，尚未奉有缓开命令。王军长心有不安，乃再派我赴南昌向委员长请示，于九月二十四日，蒙委员长召见，当即报告：王军长极希望调驻信阳，而旧东北各军，得知第六十七军将首先调离华北，即发生羡慕与嫉视两种不健全心理。王军长为顾全大体，拟将此不健全心理平复后，遵命开往信阳，请委员长核示。委员长立刻指示：既有不健全之顾虑，可以暂缓，并发布第六十七军暂缓调驻信阳命令。（等到二十三年三月第六十七军始调驻河南潢川、商城一带）。委员长接着问：你来南昌几天有何感想。我答：南昌军政机关在委员长领导感召之下，各级工作人员实干、苦干的精神，为北方所少见，应将此种精神，推展至北方以至全国。委员长又问：还有什么。我答：在南昌行营来看，北方籍贯的工作干部不多，委员长是领导全国奋斗的领袖，为明了全国各方面之情况，需要培植全国各方面的人才。一得之愚，谨请委员长参考。委员长含笑点首说：很好，且用笔记下。深感英明伟大的领袖，谦虚若此，国家民族有救矣。委员长随后看我的简历，问及我的家庭状况，又说：你读过文大学，陆大八期也未入学，你要和陆军大学联络，参加陆大班期考试，完成陆大学业，为国家努力，要好自为之。其爱护、培植部下之苦心诚意，更感到兴奋与感激。

我遵照蒋公指示，于二十三年七月考入陆军大学肄业，至二十六年八月毕业，在学期间，适值蒋公兼任校长，得亲陶熔，慎思明辨工夫，颇有增进。然以智短才疏，对国家贡献殊少，有负期望，深觉惭愧。

三

二十六年八月十三日，上海抗日战起，我经第十五集团军陈总司令辞修调充总司令部高级参谋，正在筹组第三战区左

翼军兵站总监部时,被调任陆军第一○五师副师长。十月第
一○五师开来上海战场,归第十五集团军指挥,我奉命为第
一○五师代理师长。十月二十八日,委员长在苏州召开军事会
议,陈总司令率我晋谒委员长请训,委员长说:你去第一○五
师很好,第一○五师官兵心理既不健全,精神也不稳定,战
斗精神、战斗纪律,均有待加强。公正、镇定、坚强、勇敢,为
作这一师师长必须具备的条件。希望你努力,希望你作好。并
指示陈总司令说:要多支持他。陈辞公说:好。即率我辞退。
二十七年七月,我真除师长,经过人事调整,严格训练,甚有
成效,在抗战"剿匪"各战役中,曾著有战绩。我任师长职务四
年,秉承委员长旨意,任劳任怨,作了真诚的努力,只因才能不
济,未臻理想,颇引以为憾。

四

三十年十月,我调任陆军第四十九军军长,旋兼金兰警备
司令。三十三年四月,奉调赴重庆中央训练团党政班第三十一
期受训,担任大队长职务。四月二十二日,承委员长蒋公召见,
委员长开头说:你在前方多辛苦,前年浙赣战役第四十九军、
第七十四军,战绩、军纪均好,各方面多有称赞,应继续努力,
保持荣誉。接着,垂询部队状况,官兵生活情形,地方行政得
失。我均扼要陈述。委员长又指示:军队要有坚强的战力,仍

须由教育训练中求之，惟有由学术上用工夫，才能有统一之思想，以发为统一的行动。我就在委员长态度慈祥，语言亲切之感动下辞退。

在师、军长任内之心得感想，则为领悟到委员长博大精微，所有训示，莫不切中机宜，予人以许多启发。凡是遵照指示，身体力行，脚踏实地的去做，必能有所成就，而对国家有所贡献。因此，对委员长之拥戴与信仰，亦益坚强。

三十三年五月二十七日，准备自重庆回防，又蒙委员长召见，晋谒时，委员长首先说：你考虑考虑，忠义救国军有十个团，其训练始终未达到某一程度，你如能兼任忠义救国军总指挥，整理训练至某一水准，就解除总指挥职务，这样作有无困难。我答：第四十九军为正规军，忠义救国军是特种部队，性质不同，任务不同，训练方式也不同，对特种部队之指挥训练，我的才能经验，恐不胜任。况且第四十九军驻江西上饶，忠义救国军在浙江淳安，两地相距几百里，更势难兼顾。请委员长再作考虑。委员长略有思索，随即说：你兼任这个职务，实有不便，此议作罢。而敌人在粤汉线上，亦将有所行动。你尤其不能离开第四十九军。委员长又问：第三战区军政情况，你有意见，可以提出。我稍犹豫，委员长催促说，尽管说。我答：敌人若沿粤汉线向我长沙、衡阳进攻，也可能继续经湘桂路向桂林、柳州侵犯，情况万一如此发展，则粤汉线以东之广大战区与后方之通信交通，将有不便，甚至有一时期之隔离，中央在指挥上或难适时适切。现在第三战区顾长官及浙江、福建、江西、广东各省主席，全在重庆，可否请委员长当面授以机宜，顾长官资高望重，应在他指导之下，密切配合，以稳定东南战局，而纾中央东顾之忧。这越位越分的意见具申，谨请委员长参考。委员长说：好，很好，你即回军准备作战，多为国家辛劳。情真词切，严慈兼有，可说"亲爱精诚"之关系，就是这样建立的。我也在依依中辞出，于六月一日随顾长官墨公回江西防地。

三十三年七月，敌人进犯衡阳，中央特派顾长官为东南行营主任，统一指挥第三、第七、第九战区军政。在此期间，敌人在东南战区曾有大规模窜扰与局部进攻。但有委员长高瞻远瞩之部署，顾长官沉着坚强的指挥，遂将敌人击退与扼止，东南战区终于稳定；而对中央得以从容应付西南战局，则厥功甚伟。

在重庆停留两月，聆训多次，体认得委员长学识修养的高深，在苏俄播种，日本助长，双层压迫侵略之下，为挽救国家危亡，操心危，虑患深，不畏横逆，不惧艰险，有所谓："只有怀抱着深心大愿的人，才会智深勇沉，才不致计较个人得失。"的精神。其人格的崇高，其对国家、对世界贡献之重大，非偶然也。

五

　　三十三年十一月，我又奉令赴重庆，参加青年军干部训练。十二月二十二日，蒙委员长召见，当即指示：你在目前不必参加青年军工作，仍回第四十九军，已令军政部对四十九军之武器装备，尽先调整补充。欧洲盟军及中国战区的情势，全向有利方面发展中，收复东北，将不在远，部队应作诸种准备，随时可以出动。关于东北现况，也要搜索研究，分析了解。在重庆如无应办之事，就早日回防。此刻，西南战局，仍在紧张之际，委员长还是从容镇定，对我作亲切周详的指示。即在感奋和感动中辞退，于二十六日自重庆飞回江西防地。委员长为人地关系，原有意在必要时机，命我先进军东北，以后局势变化，未得实施。委员长认为有东北才有中国，东北关系中国存亡，提起东北，总是态度严肃，语气沉重，充分表现出其救民、救国、收复东北之决心与坚苦卓绝的精神。九一八事变，我是首当其冲的人，聆听之下，感愧交集，更激起复仇雪耻之意念，及为国牺牲的志节。

　　三十四年八月，抗战胜利，第四十九军正集结于浙江之淳安，奉命向杭州、嘉兴、吴兴各地逐次开进，旋即进驻苏州、无锡、常州一带，任京沪间之警备。三十五年五月调驻南通，担任苏北"剿匪"任务。直至三十六年九月，始奉令调赴东北，参加东北"剿匪"战斗序列。

六

三十六年九月，中央为调整东北军政机关，特派陈参谋总长兼东北行营主任，统一指挥军政。在战略上，作重大决策，即：由关内抽调有力部队，增加东北，打破现在僵局，形成优势，争取主动，寻求共军主力而击破之，以贯彻收复东北之目的。陈总长到任后，即积极作扭转东北局势之努力。为先求巩固沈阳基地，特成立沈阳防守区，派楚溪春为司令官，三十七年一月，楚调河北省主席，由我继任沈阳防守区司令官，指挥陆军第六、第四十九两军，暂编第五十五、第五十七两师，及沈阳市政府。在此期间蒋公对东北战局特别重视，对沈阳防守区，尤为关切。曾于三十七年二月二日亲笔手谕："沈阳城防之得失，不仅为东北战局之枢机，实为国家存亡之关键，务望负责尽职，完成使命。……"蒋公如此期许，更增内心之惶恐，惟有尽忠职守，竭其愚忱，不负使命，以报国家。二月又奉命为辽宁省政府主席，益感任过其才矣。

七

三十七年二月陈参谋总长因病辞去东北行营主任，改派卫立煌为东北"剿匪"总司令。由于关内无充分兵力可以抽调至东北,不得不改变战略,即:就现有兵力,维持东北局面,断然缩短防线,集中兵力,以沈阳为顶点,确实掌握辽西、辽南两走廊,辽西保有北宁路,辽南领有营口,采战略上持久守势,阻敌进关,以待关内战场之胜利,再发动攻势。在三四月间,蒋公曾有一方案,是:将东北国军主力集中于锦州、葫芦岛地区,与华北战场联系,实行战略守势,阻敌入关。策至上也。而卫总司令坚主维持现状,不采任何行动。所持理由:一、我军装备笨重,运动不便。二、沈阳工事坚固,可以久守。三、沈阳兵工厂生产力庞大,武器补充容易。乃将此正确至当之方案,无形搁置,造成孤点困守局面,陷入军事上"不为与迟疑"的重大错误。

后以永吉、长春各成孤点,战守均无力量,遂决定放弃永吉,以增长春之守备。四月九日,永吉守军第六十军,出敌不意,一举撤退,向长春挺进,于四月十日与我长春接应之新七军会于长春。当时,我曾向卫总司令建议:长春、永吉,孤悬困守,粮弹两缺,专赖空中补给,决非久计,应忍痛将永吉之第六十军,长春新七军,一举撤至四平,以使能与沈阳连成一气。卫颇不以为然,终至锦州失陷之日,长春也不战而亡,真是憾事。

嗣因辽宁省政繁巨,我即于四月下旬,辞去沈阳防守区司令官职务,而由梁华盛先生接替。

八

三十七年八月下旬，东北共军漏夜经法库、彰武，倾巢向辽西集中。自九月十二日向义县进击，二十日攻占，即于九月二十三日对锦州发动攻势。此时，最高统帅决策：集中沈阳国军全力（仅留少数部队守沈阳），取捷径向锦州前进，乘共军围攻锦州黏着之际，拊敌之背与锦州守军夹击而歼灭之。同时限令，从沈阳西进兵团，须于十月一日前在新民集中完毕，即开始前进攻击，于十月十日前，进出新立屯、黑山县以西地区。

辽西会战为决定东北命运之关键，蒋公极端重视，在十月上、中旬，曾三度莅临沈阳，指示卫立煌总司令，应以全力西进，协力自葫芦岛东进兵团，将林彪军包围于锦州附近而歼灭之。蒋公在十月三日晨，由沈阳飞北平之前，召见辽宁、沈阳省市行政首长，议会议长，我与董文琦、李仲华、张宝慈等四人，垂询省市政情民情，并训勉如何配合军事行动，办好征兵征粮工作，共同争取胜利。我们分别有所陈述，即行辞出。蒋公教我个人留下，继续问：这次辽西会战，你有意见，可以提出。我答：这次辽西会战，是我们生死存亡之争，亦为歼灭敌军最好机会，卫总司令应先理解蒋公意图，认清利害关系，彻底奉行命令，严格执行命令，而求必胜。蒋公又说：你再具体的说明。我答：我感觉卫总司令，昧于大势，留恋沈阳，为集中兵力，为激励士气，可否令卫总司令亲赴前方指挥，把握战机，必须以成功成仁的决心，协力东进兵团，将敌军歼灭于锦州附近。则东北问题解决，关内敌军，自然不足为患。这言少思，而志忠诚之意见，谨请蒋公考虑。蒋公语重心长的说：很好，你要随时注意情况发展，作应变准备。叮咛亲切，真是感动更感激。恭送蒋公离沈阳后，心有戚戚然，感触殊深，蒋公尽瘁国事，席不暇暖，我们不能分劳分忧，竭智尽忠，以报效国家，将不知何以自解。

九

当锦州战起，东北"剿匪"总部，在最高统帅催促之下，以五个军（十二个师），编成西进兵团，归廖耀湘指挥，于十月八日在新民集中，九日开始西进（原限令十月一日前集中，十日前进出新立屯、黑山以西地区），十四日锦州城破，而西进兵团，还迟滞于新立屯、黑山以东地区。十五日锦州陷敌，十八日长春变色。最高统帅仍严令廖兵团，力排障碍，协力东进之侯镜如兵团，收复锦州。敌军乘锦州得势，以一部压迫侯兵团退回葫芦岛，主力向东急进，二十四日至二十六日，将廖兵团包围击灭在黑山、新民之间。沈阳亦于十一月一日陷落。辽西会战，本为东西夹击歼灭林彪共军最好机会，终以西进兵团行动延误八天，先机已失，反被林彪共军各个击破，精锐的国军，断送于一旦，开未有之失败战例。而实由于卫立煌总司令，对最高统帅意图既未具体理解，命令亦未彻底奉行，迟疑不决，指挥无方，遂演成不可收拾之悲惨局面。卒致林彪共军得以据有东北，且长驱入关，取平津，下江南。追怀往事，不禁感慨系之。

蒋百里先生曾说："我们有陆海空军唯一的统帅，是千百年不容易发现的一个大金钢钻，大家应如何宝贵他。"乃呼吁国人对领袖益坚其拥护、爱戴、信仰、服从之义务。卫立煌受知最深，受恩最重，竟而利令智昏，忘却斯义，以致贻误战机，坐失有关中国存亡之东北，宁非上苍安排，卫立煌应作历史罪人耶。

总结：在几次亲承面命之中，更深切感到，国步艰难，吾人何幸，得有英明伟大的领袖蒋公为之领导。因而，记起"立委"王洽民先生一九五二年自述中，有"吾尝诵读总裁所著书文，亲聆总裁之训示，研究总裁之言行思想，对照我国数千年之史乘。尧、舜、禹、汤有其勋业，而无其文章。孔子、孟子有其文章，而无其勋业。汉唐诸帝有其成就，而无其艰苦。明清诸儒有其思想，而无其成就。内圣外王，备于一人，自生民以来，诚未尝有，唯当今总裁一人而已。仲尼曰：'巍巍乎惟天为大，惟尧则之，荡荡乎吾无能名焉。'又曰：'天何言哉，四时行焉，万物生焉。'吾凡五蒙总裁召见，无一次不有斯感。"诚然是吾海内外同胞对蒋公共同的体认、感受、敬仰、尊崇之心声也。

四、自　述

家　世

　　余于民国前七年二月二十四日，诞生在辽宁省盘山县之后才屯。父守清，母石氏，已于民国十年及十三年先后去世。弟铸汉，小余四岁，留于大陆，迄无消息。原籍山东省即墨县，自曾祖有贵公，始迁于盘山，遂为辽宁人。祖世务农，东北物产丰富，历经先世刻苦经营，家庭经济尚称余裕。余幼时颇敏慧，而个性较强，遇事不平，好抑强扶弱。祖父玉德公忠厚慈祥，乐善好施，父守清公持躬谨严，刚正不阿。祖与父以余敏慧，爱之甚，而督之严，故余之所为，丝毫不敢苟，及今思之，余之律己处世，得之于童年家庭教育者良多。二十三年经王鼎方先生之介绍，与妻张玉然女士结婚，余妻河北省密云县人，肄业于北平辅仁大学，纯洁朴实，思虑周密，好损己益人，生而有乐善之德性，与人相处，从无闲言，爱令誉甚于其身，家事安排妥善，不知有内顾之忧，友朋称赞，余心感焉。生有二女，长女心仪于民国一九五九年与宗百安先生结婚，次女令仪亦于一九六一年和施敏先生结婚。

学　历

余自幼好读书，以天赋记忆力较强，九岁时，已读完四书，彼时祖父玉德公因余好学，爱护备至，惟恐有伤脑力，辄强令辍读。此种天赋之记忆力，对于尔后之做事、从军、主政，颇获倚赖。嗣由初小毕业，考入锦县县立第二高小及辽宁省立第四中学，均系插班，虽学业躐等，每试亦间列前茅。中学毕业，即考入北京大学预科，研读将两年，旋以关外寇踪横行，耳闻目见，无非刺激，私衷报国，窃慕戎行，乃与同学石世安君，辍学从军，考入东北陆军讲武堂第四期习步科，又是插班。毕业后，服务军旅，转战南北，每感学识不足，思有以深造，遂于民国十四年二月经祁大鹏先生介绍，继北大学分，转入北平中国大学，研读政治。至十六年十二月毕业，本校规格不严，又为半工半读，所以对这层学历很少提起。十七年三月考入陆军大学第八期，正值战事，未能及时入校，虽经保留学额半年，终以职务关系，不得参加该期研习。迨二十三年七月复考入陆军大学特二期肄业，得亲蒋公（兼校长）陶镕，慎思明辨工夫颇有增进。适于二十六年"八一三"毕业,亦一纪念也。

在陆大求学期间,课余之暇,曾编著《统帅与道德》及《战争论》两书,于二十五、二十六年分由南京军用图书社与武学书局出版,战乱中,原版早已散失矣。

经 历

余初任东北陆军第二十五、第五、第二旅,第二十师,第一旅,排、连、营、团长,师、旅参谋长等职。

九一八事变,余适任陆军独立第七旅第六二〇团团长,本旅辖第六一九、第六二〇、第六二一共三个团,只有本团第一营驻皇姑屯,其余全部驻在沈阳北大营。当日下午十时一刻,敌人开始向北大营攻击时,旅长和第六一九、第六二一两团长均不在营,至十一时将过,才得知第六二一、第六一九两团已撤出营房。余在未奉到命令之前,不能自由行动,惟有就营房及已有的简单工事,作战斗准备。到十二时,接奉旅长王以哲将军由城内来电话指示,"不抵抗,等候交涉"。此后即失去联络。"等候"不等于"挨打",敌人向本团营房进攻时,余决心还击,这是"自卫"的必要手段,虽与"不抵抗"冲突,也只有"一面等候,一面抵抗"了。

十九日上午一时四十分,日军步兵二百余,并有跟进的部队，逐次向本团接近，炮兵也开始射击本团营房，此刻适奉东北边防司令长官公署军事厅长荣臻将军（代行司令长官职务）电话，询问情况，并严令"不准抵抗"。余答称："敌人侵吾国土，攻吾兵营，斯可忍，则国格，人格，全无法维持。而且现在官兵愤慨，都愿与北大营共存亡，敌人正在炮击本团营房，本团官兵不能持枪待毙。"荣厅长当即指示："将械弹缴库。"余答："在敌人炮击之下实再无法遵命，我也不忍这样执行命令。"荣厅长又问："你为什么不撤出。"余答："只奉到'不抵抗，等候交涉'的指示，并无撤出的命令。"荣厅长又指示说："那么，你就撤出营房，否则，你要负一切责任。"电话也告中断，正准备撤退的时候，敌人步兵四百余，已向本团第二营开始攻击，余即下令还击，毙伤敌人四十余名。就在敌人攻击顿挫之际，忍痛撤出北大营，正为十九日上午五时。本团第五连长陈显瑞负伤，士兵伤亡十九人。次日，日本关东军司令本庄繁公布"日军死伤一百二十余名"，乃是为了扩大"中国军队滋事"的反宣传，并不确实。

国联李顿调查团到北京以后，于二十一年六月，要我们去作证，李顿爵士拿着沈阳北大营地图，对余询问五点，其重要者为第三："日军在这所营房的南面，西面，被你的部队击死击伤共一百二十余名，你是否知道？"余答："知道，但是据余的正确估计，日军死伤不会超过五十名。"第四："依你的观察，日军死伤以少报多，其用意何在"？余答："余认为这是和日军当时炸毁铁路突向北大营攻击，同一用意。"第五："你们攻击日军的理由是什么？"余答："我们并没有进到日军所在地的兵营向之攻击，而是日军侵犯吾国土，攻击吾兵营，我军被迫还击，是'自卫'的必要手段。"李顿爵士颔首未语，并转问其他团员有无问题，仅义大利籍团员马克迪伯爵说："这是正当行动。"作证即告结束。

"九一八"沈阳北大营的炮声，不但演变为中日战争，而且掀起了第二次世界大战。其结果，日本固然遭受了惨败的痛苦，然而也造成战后中国大陆之被关入"铁幕"，整个亚洲之陷于混乱，更给我们带来今天局处台湾的危难。

二十二年五月升充陆军第六十七军少将参谋长，曾参加长城及冀东抗日战役，先后与第十七、第二十九、第三十二军并肩作战，既无确实之准备，更无周到之部署，且各部力量悬殊，封建意识未除，当攻不攻，当守不守，全是打的糊涂仗。塘沽约成，本军移驻平津之廊房、落垡一带。二十三年三月，本军奉令归豫、鄂、皖三省"剿匪"总司令指挥，开驻河前省潢川、商城地区，担任"清剿徐匪海东"残部。

二十三年七月，考入陆军大学肄业。二十六年八月毕业后调充第十五集团军总司令部高级参谋。十一月间调充陆军第一〇五师副师长并代理师长，二十七年九月，真除中将师长。本师官兵心理既不健全，精神亦不稳定，战斗技术、战争纪律，亦有待加强与革新，经过人事调整，刻苦训练，始入正轨，而著有战绩，公正与廉明，镇定和勇敢，为当时指挥官必须具备的条件。在师长任内参加淞沪战役，香黄山战役，各记功一次；第一次长沙会战，上高会战各记大功一次，第四次整训成绩优良，记功一次。

三十年十月升充陆军第四十九军中将军长，旋兼金兰（金华、兰溪等八县）警备司令，余任军长达七年之久，辖第二十六、第七十九、第一〇五等三个师，然以部队整编调转，先后隶属本军凡九个师，因历史装备不同，兼杂存封建意识与保存实力之劣根性，在战斗上不能歼灭敌人，战术上不能组织战斗，振衰起敝，惟有由学术上下功夫以使有统一之思想以发为统一之行动，几经整理训练并利用人格之影响，情分之交感，无懈推行，绩效颇著，遂成为第三战区主力部队，在抗战主要战役中，均有优良的表现。余亦于三十一年浙赣战役及三十三年龙衢战役，蒙受三等云麾勋章及传令嘉奖。……又以服务成绩优良，蒙受光华甲种一等奖章，忠勤勋章以及胜利勋章，三等景星勋章等。余不才，以官兵奋勇杀敌，个人屡蒙奖赏，深感愧赧。

三十四年八月日本投降时，本军正集结于浙江之淳安。余奉令统一指挥第二十八、第四十九两军，向杭州、嘉兴、吴兴开进，监视日军第一三三师团在杭州受降及接受日军第一百旅团在吴兴投降。旋即进驻苏州、无锡、常州一带，任京沪间之警备，并在无锡接受日军第二十七师团投降。

……

三十五年七月，兼代第一绥靖区司令官，指挥第四十九、第六十五军，为期至短，无所贡献。惟颇觉各军，以抗战胜利自负，傲视一切，平时不研求学术，战时不注意协同，颇引以为忧。

三十六年九月，本军调往东北，舟车甫卸，在敌情、地形不十分明了之下，即以两师（四个团）逐次参加锦西战役，与林彪部第八、第九、第十一纵队及冀、热、辽边区纵队共十万余，浴血苦战三昼夜，官兵伤亡损失及半。余虽未受惩处，然以久经战阵多年患难之袍泽，伤亡惨重，极为悲痛，及今思之，尤有余恨。

七年以来对部队之整理、训练、作战，其间与环境之奋斗，遭遇之困难，有非墨楮所可言者，但以公忠所致，初衷亦觉稍慰。

三十七年一月，升充沈阳防守区司令官，指挥第六、第四十九两军，暂编第五十五、第五十七两师及沈阳市政府，甚感戍守东北之国军将领，每多旁骛，如开农场、设学校、办报纸，精神与思想亦渐趋腐化和落伍。余人微才轻，仅有影响，而无力转移，时以为憾。旋于二月奉命为辽宁省政府主席，嗣以省政繁重，即于四月底，辞去司令官职务。

余主辽宁省政，受命于危难之际，急思竭智尽忠，希望把辽宁省从破坏散乱中整理起来，以期对东北大局有所补救。

就任之初，即整饬政风，打破人情政治，擢用新人，推行新政。制订"以工代赈"条例，解决难民生活，并颁行"难民代耕荒芜田地"办法，而为渐进的土地改革。复力主军民合作"剿匪"计划，由民政厅长张式纶先生，赴河北考察该省动员"剿匪"办法，参照订立规章，甄训干部，督导各县实施，颇有功效。惜以格于环境，其他重要建议与计划，未得东北当局采纳和实行。苏子瞻有言曰："言之于无事之时，足以为名，而恒苦于不信；言之于有事之时，足以见信，而已苦于无及。"乃古今同慨。后以东北"剿匪"总司令卫立煌对最高统帅意图既未理解，命令亦未彻底奉行，遂演成不可收拾之悲惨局面。卒至林彪部得以据有东北，且长驱入关，追怀往事，不禁感慨系之。

历来政治上的改革，官方的政策，多是主张采取一种"逐渐演化的程序"，可是，历史告诉我们，不积极自动的作一种革命性的改变，而听其自然的演化，其结果，是必归于灭亡。东北之失掉，就是违反了历史的潮流，而被历史的潮流所冲倒的。

余三十年从军主政，此其梗概。现任"总统府国策顾问"，悠悠十余年，清夜以思，真有所谓"顾影自怜，问心有愧"也。

不过，在长期的军政工作中，亦深切感觉得：阻碍国家进步的原因很多，各级在位者，任过其才，实为最重要的一种。而任过其才，且不自知，或不自觉，甚或反以为不足，不安于位，置事功于不顾，惟私欲之是图，尤为其中最大的症结。

值此国家危难之时，吾人当痛切自省，应先反躬体察自己之知识能力，是否能配合自己的地位与职责？换言之，自己之地位，是否已超过本身之知识和能力？或纯赖知识能力所获得？而任职以来，又有何功绩？假令担负更高责任时，将更有何经纶？有何把握？凡此皆当彻底警醒，而必有所自知者。

自今以往，我们必须切自反省自己的职责，得无过重？才力是否不足？如以为不足，即应当努力以求知识，更应当精勤以供职守，并时具忏悔之忱，虑无以对国家，无以免咎责，而决不容有自私之希冀，非分的欲求，然后方可以自振而补过，方可以自救而救国。

实 践 心 得

做人。以忠、勇、诚、恒，危难不变其节，生死不易其操，为革命精神。以吃得苦，耐得穷，明于是非善恶，严于出处进退，为内心防线。

做事。以知耻、负责、公正廉明，勤能敬事，从远大处着眼，向危险方面前进，为服务道德。

余才识浅薄，对国家贡献殊少，而固执原则，坚定立场，从无犹豫与懈怠也。

治军。则得力于率先躬行，与士兵同甘苦，明是非，严赏罚。并注重学术，由学术中坚定信仰，增强战力，即知即行，以行求知，贯彻任务，颇著成绩，然每欲求急效，而求全责备，成就反不圆满。

主政。则得力于"公廉"二字，盖以人不怕能而怕公，不畏严而畏廉。基此复须具备几项条件，第一、是"诚实"，第二、是"效率"，第三、是"重视舆论"，第四、是"争取民心"。诚实为人格的表现，效率为智识能力的表现。所以主政的人，固然应当求学问经验，以获得在效率上的表现，更应当从诚实上作人格的修养。而舆论更是国家最大的资产，政治上最大的人才，有健全的舆论，才有健全的政治。拿破仑曾说："枪林弹雨我不怕，我最怕舆论。"可见舆论的重要性和权威性。至于争取民心，这虽有一点近乎老生常谈，而任何匡时妙策，正恐离不开这个大原则。然如何争取民心呢? 使政府与人民利害一致而已矣，好恶与人民相同而已矣，彻底革除特权庸劣，一新耳目而已矣。余庸愚，陈义虽未高，终以学养不足，运用能力缺欠，而功效不彰，无补时艰，真是惭愧。

战争是奋斗，血的考验，政治是管理众人的事，均非一手一足之力而可有成。所以军政领导人物，是否能知人，能用人，乃整个事业成败的关键。不但要用人，并且要能用学问、能力比自己强的人。所用之人的成功，就是用人之人的成功。政治上，军事上，最忌犯的事，就是主持的人，胸襟狭，气度小，眼光短，往往喜欢用不如自己的人，深恐所用的人不好驾驭，或是成就超过自己，这是最自私，最失败的心理。张居正能用戚继光平倭寇，便是张居正的成功，曾国藩能用左宗棠，虽以后左与曾意见相左，还是曾国藩的成功。是以培养人才，为一个领导人物，效忠国家的最高职责。而"为而不有"，把所有一切的功劳，一一奉送给别人，更为一个领导人物，统御指挥的最高道德。一得之愚，拳拳服膺之。

自实事体验中，而得到的经验教训，乃是政治上的改革，如果没有一套全新的制度，全新的运用精神，作为基础，必然是换汤不换药，效果不大或徒劳而无功的。同时，更使我们确认，无论中外古今，人才永远是决定国家治乱兴衰的根本，其他如制度典章，孰宜兴革，也须有了足够的人才，方易于为力，否则，也是无从谈起的。

精 神 修 养

余于民国十九年五月，加入中国国民党，使以往之孤高自许，欲有所图报于国家者，乃得一豁然可循之途径，思想信仰集中于三民主义，统一于三民主义，三十年来，对本党虽少建白，然兢兢自持，未稍隃越。由研读蒋公实践力行哲学中，领悟到：政治上的毛病，在于说是一套，而作又是一套，说法与作法脱节，到了后来，竟然形成说即代表作，好像，说了就是作了一样。因而，一切都不认真辨别是非，也不确立一定的原则，便流为"文学政治"。还有一种可怕的现象，决不在不知而不肯去行，而是在已知而依然不肯去作。亦不在不知失败的原因，而不去改进，而是在知道了失败的理由，而仍是不力图改革。有所说，无所行，有所知，无所改，此病在诸病之上，如要除此病症，必须改变观念，有决心，有作法。

我们天天谈政治革新，但革新必须有新观念。观念的革新，重于行动的努力，观念赶不上时代，将永远落在后面。所以一切都要怪自己，不要怪时代，总要使自己迎合"前进的时代"，不要希望时代来迁就"倒退的自己"。个人如此，社会国家何独不然。

政治上人物，最起码的操守，要有所不为，而能忠于原则，常常把国家的利益，放在自己官运的前面。政治上的危机，就是从事政治的人，不甘寂寞。顾亭林说"不甘寂寞，则何事不可为"，正是恰对一旦官位动摇，立即牺牲原则之政客们的针砭。

自入世以来，即抱与人为善及本良知不自欺之精神，而以用人以才，待人以诚，处世以公，治事以勤为荣誉、气节、负责、公正等德性之具体发扬与表现。纵以守正不阿，与人不苟同，不苟合，辄不为人所谅，但以时间之考验，而人亦终必自释矣。

余少时读《王阳明全集》，服膺其良知之说，一生行事一本于此，只求于心无愧，不求见谅于人，故求全求善之心过切，操之不免较激。读《史记》，太史公在《游侠列传》中，他提出朱家、郭解，说朱家是"专趋人之急，甚己之私"；郭解是"以德报怨，厚施而薄望，既己振人之命，不矜其功"。复倾慕朱家、郭解之侠义行为，故嫉恶如仇，善善恶恶不免过露形色。凡此皆余之最大缺点，其亦所谓食古不化也欤。

生 活 才 艺

余个人生活，素崇纯朴，时时懔念"惟俭可以助廉"之训，虽历世已深，未敢自懈。更常常自勉"反求诸己，尽其在我"，不必取流俗的恭维。流俗的恭维，不但不可靠，而且最易误事，亦最易败事。因为名画家的画，并不在有多少外行的人赞美，而贵乎一个真正内行的人来批评。又以读书少，自知无知，时思有所弥补，以往多研究军事，国防工业，工商管理及文学等著作，近年喜读历史与西洋史。骑猎、音乐、照相等，亦皆所爱好，尤眷念于边塞生活。健康状况甚好，惟中年已过，德业未修，思之惶恐。几年前每在报章杂志发表粗疏之军事、政治论文，嗣以资料有限，思路迟钝，未闻此道久矣。

……

这篇自述，是一九六一年在"国防研究院"受训时写呈蒋公的报告，特记录下来，以作为个人之简略传记。